涸墨點滴

留洋之初

◆短篇小說集◆

文外　著

美商EHGBooks微出版公司
www.EHGBooks.com
EHG Books 公司出版
Amazon.com 總經銷

2015 年 EHGBooks 第一版

ISBN-13：978-1-62503-223-2

自序

是自己十幾二十年前的一些文字。

幾滴已乾涸了的墨跡而已。在留美之初的日子裡，帶著海外中文網初起時的激動與激情，用了點當時曾經習慣的某些語言，記下了些許當年曾熟悉的生活與故事……

文字曾散在於當年一些海內外雜誌與中文網絡上。從未想到要搜羅一下自成一集，直到今天的突發奇想、心血來潮。只可惜，有些雜篇擕了自己當年的許多趣事與心情，竟如點墨滴入大海，早已遍尋不見。

言及墨跡已涸，皆因當年人們習慣的那種語言已作古、當年勤工儉學的日子隨著中國經濟的發展也已不再。一切的一切，都已成為歷史。

當年出國留學之時，文革用語尚未久遠，生活中仍時時可聞，雖已漸漸進入調侃。聞者如對林妹妹焦大一般地熟悉，無須解釋、不言自明，自然常可博人一笑。然隨時日流逝、代代相隔、世事變遷，那段日子與那特有的語言，早已成為面目可憎之物、甚至眾矢之的，即使不踐踏於足下，也恨不能完全忘卻。說其已死，絕不為過。

自己這些文字，便是在當年那些日子裡寫下，自然其遺跡斑斑、時時得見，以博歷經者解味之餘，會心一笑，然卻難免不為今人或異地之人不解乃至唾棄。

因恐此類涸墨令人生厭，遂有好友提議要否趁此次的付梓之機，將當年文字全部改過，或引經據典一番、或揉入當今時髦文字、或加些兩岸三地共熟的用語……

但，歷史不應以個人喜好來取捨，譁眾取寵也非自己所長或所願。曾有的無論是史詩抑或垃圾，既然都是歷史，再醜陋也已無法迴避、再厭惡也已無法更改更無從抹去。且雖已入史，即使已逝、即使已死，仍曾與許多生命息息相關，仍應予以尊重。等於尊重許多活過的人與物，等於尊重許多曾逝去的年華，等於尊重自己。

所以，想了想，未改。

所以，原汁原味，將當年的文字奉上來、將已逝的故事用已逝的語言講出來。

只為尊重歷史。

只為尊重自己。

文外

美國馬里蘭州
二〇一五年五月十六日

目錄

我的老老板娘

靠打工掙學費的自費留學生，似乎都與「端盤子」有著不解之緣，盡管找這種「下海」的途徑很不容易。

我竟有幸地端起了Ｇ·Ｗ中餐館的大盤。這對又胖又矮且不十分健壯的我來說，並非易事。

記得第一次打電話與這餐館聯系時，電話另一端驟然響起的那應答的第一嗓子，立即給了我極深刻的印象。那是極流利卻發音不很准確，稍顯蒼老卻十分響亮豪爽的，帶點破鑼味的女中音:「Ｇ·Ｗ·Ｒｅｓｔａｕｒａｎｔ！」其實，過了很久，我都納悶地把她的這句話聽成「Ｇ·Ｗ·！Ｗｈｉｃｈ　ｏｎｅ？」這實在怪不得我的不很佳的聽力。

與這位老老板娘所照的第一面，竟更令我吃驚不已：這個很有氣魄的大嗓門，竟會同我一樣胖，一樣矮！六十多歲的老人家，上身大紅繡花對襟棉襖，下身蘋果綠色大肥褲子，卷曲的灰黃頭髮極短且稀疏到有些禿：十足一個舊電影中的地主婆模樣。然而方臉小眼神采奕奕，挺腰板背昂頭仰頸，大腳板走路呼呼聲風，又實在有點女中豪杰的味道，足以令人不得小覷。據說她三十來歲時與老老板帶著五個孩子闖入美國，因最初也端盤子出身，來美三年之內腳竟長大了兩寸！聽得我雖勇氣大增，亦同時脊背生涼：恐我不遠的將來，舊鞋亦不得穿矣！

我們這個中國店，屬家族性管理：整個一店，是由老老板，老老板娘，小老板，小老板娘這樣一個普通中國家庭組成。廚師三人也是另一個家庭的三兄妹。兩個家庭自港來美共同撐起這個店，已有近三十年歷史。當然，十幾年前曾輝煌一時。但因地處城區之內，此區現都被貧窮的黑人慢慢占據，加之美國經濟的逐漸衰退以及中餐館近年的大量興起，此店的生意便日趨敗落。收入較勉強；原三大間餐廳，現常常只能開中間一廳，一共只有五六十個座位；且盡量少開空調。盡管如此，這種店卻很難「打入」,「外人」都做不長，部分是因很快被排擠掉。端盤子的歷來便是其子女兄妹或遠遠近近的親戚；連極要好的朋友或由極要好的朋友介紹來的人，都很少。現與我一起端盤子的，一個是小老板娘自己，一個是老老板娘的大女兒，還有一個男的，便是他們的親戚。偶爾也有忙不過來的時候，如情人節，母親節，元旦等等。這時老老板的大兒子自己，也會把一件小黑背心（端盤子的工作服）裹在大胖身上，儕入端盤子行列。

榮幸得很，我竟能一進此店便暫時「生根」。恐怕一來，正好是老老板的大女兒想要自己去開外賣店，店內將要缺人；二來，咱也「手藝」不錯，一米左右長的大盤，很快便玩一般地托著跑；同時管幾張台，仍可不亂、不錯、及時，且「笑容可掬」，一如那老老板娘一般；最後，不得不說，我喜歡店中上下一應人等，自然會想方設法「賴」在這兒。

最討人「喜歡」的，竟會是這位老老板娘。這實在是個頭腦簡單，口沒遮攔，上海人常稱為「呆頭」或「十三點」的人。傻咧咧地愛說愛笑愛唱，但不等於不懂做工。她對生意上的事很清楚，手腳和腦子反應都快，能幹卻不刁也不算坏，從而不能算精明。一切都亮在面上，沒有什麼虛的假的。

記得剛來不久，一次老廚娘出錯了菜，卻說是我叫錯了菜名。老老板怕得罪她（因為廚師常可掌管一個餐館的命脈），所以沒說什麼。老老板娘卻挺身而出，大罵老廚娘「欺負新來者！」。老廚娘當時便砸鍋摔盆哭了整整一天。她自己可是嘻嘻哈哈渾然不覺似地，蹦蹦跳跳地出出進進，依舊滿面春風地做她自己的事。最後，只好以我給老廚娘端去一杯茶，並哄小孩般地給她擦眼淚，一切才告結束。反正老廚娘叫罵時全是廣東話，我根本聽不懂，不痛不癢，也就樂得給她個台階下。不料此後老廚娘倒與我成了個好朋友。但忙的時候仍會出誤會，老老板娘便不管我與老廚娘的私交如何，仍只會「赤膊上陣」地去指責她，害得我只好用更多的「業餘時間」去平撫老廚娘，心中只恨老老板娘多管閒事。

不過，這老老板娘也確實有很可氣的時候。顧客的賬單交上去，找出的零錢如客人不再索要，她便會不聲不響地留下來。那本屬小費，是屬端盤子的收入。但除非你想起來去要，或好意思去要的話，否則，哪怕那是幾元甚至更偶然時的十幾元錢，她也會這麼扣壓下來。尤其是找出的硬幣，她更是「光明正大」地不再找給你，你向她索要，倒好像是你自己小氣。——真是天知道！端盤子的人，收入全靠一點一點地積攢這小費，這對自費留學生而言，更是性命攸關的事。不得已，終於學會了每次都及時地笑眯眯地去向她討那本屬於自己的錢，並且，每次也都少不了無可奈何地對著那拉得已變長的大方臉嘆一口長長的氣，著實可憐她又少了一筆財富！

更可氣的，是她喜歡搶台。午餐常常只有我一人做，偶爾客人多時，她便會搶先去讓客人點菜，按規矩，一接菜，這台便由她服務，小費也屬她的了。這常常發生在我一人完全可以對付下來的情況下，等於她在搶我的收入。有時也會來十幾個人的大台，她也會跑來「幫忙」，倒個茶遞個水，過後便一五一十地與我分小費，有時精確到一分兩分的程度。

時間做久了，我漸漸在店里有了點「地位」，也終於漸漸地敢表示不滿起來。一次帶位，她把本應屬於我的台子的客人帶到了那位她家的親戚的台上。我當時便提醒了她，她卻馬上端起老板娘的架子，板著臉自顧自仍往那兒領。我很生氣，因為不給帶位便沒有小費，即沒有收入：這是許多中餐館欺負人的一個重要手段，而她此次做得也未免太明顯。我第一次沖她發了火，指責她的不公平。她卻不理不睬，仿佛不知有我這個人存在似的。然而第二天一早，只有我和她在廳里做工時，她卻跑到另一個房間，五音不正地把那大嗓子唱給我聽：「昨天是我錯啦——，不是你錯啦——，對不起啊——」弄得我哭笑不得。

走了許多非家族性的店，雇主與雇員都絕對是兩個天地，顧主說方，你不能說圓，受欺負也只能是乾受。因此，只有這個店，使我心甘情愿留了下來。

也有恨這個老老板娘的時候。一次，我的盤沒擺平衡，因上面有十多個碟子、好多道菜，還有一個火盆（燒燙燒紅的鐵盤），重達好幾十磅。左手托起來，盤角即使架在肩上，也咬牙才能站起。出那極沉重且必須用腳踢的廚門時，終於翻了盤。總算我立即用左胳膊將其托住，結果盤子一側之下只打了一個碟子，其餘都沒事，菜也竟神奇地沒翻到地下。但因馬上用另一只手去扶盤時，一把卻抓在了火盆上，手當時便燙出好幾個大泡，右手中間三個手指竟全部燙白，劇痛鑽心。所有的人見狀都圍上來幫忙，老老板則親自取了冰塊來敷。哪知老老板娘卻不合時宜地跑過來發怒，指著我當眾大叫：「你打了碟子，應當賠！」我根本不理她，盡管當時手痛得連整個右臂都抽筋，仍沒忘了笑嘻嘻地翻她個白眼。第二天一早我因手痛一夜而起晚了，晚上班十分鐘，嚇得那老老板和老老板娘一連打了幾個電話來慰問，以為我「罷工」不幹了。我進店門後，那老老板娘沒事找事地圍著我轉，又幫我洗容器，又幫我鋪台，真是礙手礙腳，還有話沒話海闊天空地胡扯。我看著她那忙乎勁，和那時不時用小眼睛小心翼翼瞄我一眼的神態，真不知她是可恨還是可愛。

不過，正是這個老老板娘，倒似乎還頗有點「民族精神」。我們這兒每一小碟米飯要收五角錢。來吃飯的主要是「洋人」，亞洲人很少，中國人更少。而凡是中國人來，老老板娘都讓我們換成大碗甚至大鍋盛飯，並且很豪爽地大叫：「咱們中國人，不收錢！」至於給中國客人做菜，更是由她直接吩咐到廚里去，要求精心製作。

做中餐館生意，很不容易，尤其有時會有一些人耍無賴不給錢甚至搗亂。有一次，一個客人吃飯不給錢，反誣是小老板（店經理）不給他找零錢，甚至叫了警察來。警察當然也幫那人訓華人。老老板娘可不吃這一套！馬上跑過來，這邊對警察恭恭敬敬地陪笑，那邊一轉臉卻又對那耍計謀的無賴據理力爭。之後還氣憤地當廳用中文大叫：「你們這些黑鬼白鬼算什麼東西？！（他們把白人叫白鬼，黑人叫黑鬼，統稱為『鬼』）。我們中國人有『功夫』，你們有嗎？！」邊說還邊威威武武地擺了兩下「功夫」架子，嚇得整個客廳里吃飯的「鬼」們沒有一個敢出大氣，個個變得順順溜溜老老實實，而且也規規矩矩地交出了小費。那一天，不僅警察終於沒讓店家硬出錢，我們也都覺得有些揚眉吐氣。

大約香港有部錄像片，稱《功夫媽媽》。功夫片老老板娘幾乎天天看，此片更據稱已看了好多遍，所以那段時間便象入了魔一般，時不時地把自己幻化成為「功夫媽媽」。開大紙盒的蓋時，不是象我們一樣用刀去割開，而是揮起拳頭砸開，把拳頭砸得通紅；往架上堆紙盒時，不再踩椅子，而是身子向右後側擰過去再擰回來、左手用力後擺的同時、右手托著用力投擲上去：十足投擲匕首的架式（很遺憾，結局是有一次架子上一大堆空盒子整個被砸翻，全部砸到她頭上）；平時搬很重的酒，一次只能一箱，此時便奮力拿兩箱，明明累得臉通紅，卻硬是裝作不在乎。……總之，一切舉止都大大咧咧起來，真是「英姿颯爽」、豪氣逼人。可誰也沒料到她這一手，竟在黑人耍賴這次，真的派上了用場。於是好幾天，大家真的叫她「功夫媽媽」。一連幾天，她好得意！

別看這老老板娘已來到「洋土」幾十年，卻總是改不了「封建性」的「舊習」。那年有幸，與他們店一起過了個典型的中國式春節。過年那天，全店上下喜氣洋洋，見面先拱手抱拳一番，滿口道賀之詞，似乎早把「洋鬼子」們與「洋土地」們忘到了腦後。那老老板娘更是換了一身在國內恐只能當被面用的亮閃閃的大彩緞子花棉襖，進門不做工先打了十幾個電話出去「拜年」，開口第一聲先是一大長破鑼嗓子「恭喜發財——！」連給她的十歲恐尚不知何謂「發財」的小孫子打電話也不例外：十足的「古里古氣」。那意氣風發的勁兒，更是迎面撲人。

「入鄉隨俗」。大年初一，竟只有我，想到送給他們一條紅幅，上寫著「恭喜發財」；又每人發了一個桔子，說「大吉大利」；不想太「古里古氣」，便又送了一束鮮花——咱們中國人喜愛的菊花，插在了案前。一共只花了三四元錢，卻把個老老板娘哄得一天合不攏嘴。晚上來客人，還欺負別人，專門給我帶台；又給了我十元錢的「紅包」。那天，當地「洋報」頭版整整一版談中國的春節，所以晚上慕名來中國店吃飯的「鬼」們特別多、特忙。老板們便認定了這是我送去的條幅起的作用。老老板和老老板娘便雙雙站在我面前對著我叫：「今年小費多多地，發大財呀！」

我其實並不想發財。我希望的，是靠我的小費早日讀完我的學位。

然而沒想到，正是通過掙小費，卻有幸在這塊异國的土地上，進入了這個帶有古老的中國傳統氣息的家族，與許多善良的同族人共處；也才有幸，認識了這麼一個「十三點」的「功夫媽媽」。

我衷心希望我的老老板娘，年年發大財！

襪子記

當年來美打工端盤子以交學費，似乎天經地義。反正美國的餐館特多，各國風味的都有，中餐館也是星羅棋布，只要有「技術」，不愁沒盤子端。

來美前，朋友便囑我做兩套白襯衣黑褲子，說是肯定用得上。此言很快便被印證是「放之四海而皆准」的真理：因為它是下海端盤子的「海服」。也難怪會讓端盤子的穿了它當制服，因為誰穿了它都會象少先隊員一樣精神。

白襯衣是的確良做的，所以雖不「涼」，卻的確「良」。我的三年多洋插隊，便全靠了它來掙學費。

不過褲子卻不大為國爭光。打餐館則吃飯正常且吃得不錯，使本來已很胖的我，體重更如吹了氣般地增長；加上端盤子練的主要是腿功，腿這一來便也是加倍地向橫裡放。

這一來，褲子便自然而然糟了殃。才半年不到，兩條褲子全都慢慢地從量變逐漸轉化為質變，從一點一點地撐開線，到最後變成了一片片，剛裁好還沒做一般的俏模樣。沒有縫紉機，更沒有時間，況且即使重縫也難以擋得住雙腿的威風，所以，還是與其舉行了告別儀式。

唯一的辦法，便是改穿黑裙子。

好在這是個不很上規格的店，也不很忙，多數時間只有我一個人端盤子，則人們既不會注意全店員工衣裝上的不統一，我又可有一點說了還算的小地位。況僱主站在櫃檯裡，也是親眼看到了我的褲子是如何逐漸逐漸慘不忍睹地綻開成了一片片，又理所當然不會出錢為我添衣加褲，加之黑褲黑裙都是黑色、沒太出格，便睜一眼閉一眼，容忍了我在形式上的部份轉變。

這條黑裙本也與我無緣。出國前夕國內衣裝趕時髦的熱潮一浪高過一浪，幾乎使各種土八路似的裙子絕了跡；尤其這種黑薄肥大的百褶裙，更出土文物似的讓人敬而遠之，連上了年紀的老年人也已謝絕接納。偏一日我正與朋友漫步街頭，正好發現了這種僅僅四元人民幣的清倉之物。我與昂貴時髦物品素無交情，又人稱「老人家」，且十分崇尚「二十年後又是一條好漢」的邏輯，因為推而廣之，舊式樣的服飾二十年後便一定會重新成為時尚。所以，信手拈來，置於箱中，成了出國隨身攜帶的貴重物品之一。

哪知「天生此材必有用」，僥倖來到的是天下素稱最不講究衣飾的美國，如今便成了下海打工賴以生存的關鍵物品，耀武揚威地為我掙了三年學費。

——裙子啊！我的好兄弟！

於是，便出現了襪子的矛盾。老毛說過，這世界是由矛盾組成，一個完了又來了新的，果然不假！

自從黑裙上身，便必須要以齊腰的長統襪來相配。因這畢竟是專門為人民服務的革命工作，就象笑臉客氣話和盤子一樣，必須配套，否則便顯得對客人不敬。

裙子是廉價且耐穿的，襪子卻似乎不然。

打工手便粗糙，手粗糙穿襪時便會時不時地掛出一根細如頭髮般的襪子絲；還有蹭一下凳子要斷絲，濺一點油花要斷絲，腳趾甲長了也要斷絲……

且只要一根絲一斷，便會自然產生「骨牌效應」，襪子很快便出現一個個大洞。而當它綻開這一個個笑臉時，便是它背信棄義投靠垃圾箱走遍天涯的時候到了。

一美元當時可折八元人民幣，一雙便宜襪子便折合１２元人民幣、頂上我的黑裙的三倍價錢，卻往往不到三天便叛變革命，有時甚至第一次才往粗腿上套到一半便已斷絲、沒到戰場就犧牲了。這種速度，想必黛玉葬花時都不會像我當時那麼難過。

有時，短短的時間內會有幾雙襪子見閻王，捨不得馬上丟掉，便在牆角上堆起來。慢慢地牆角出現了好幾小堆，會散發出一股特殊的異味兒來，方不得不進行集體處理。那時的心情，當然是同開追悼會向遺體告別差不多，同時也有一種拿錢打了水漂的破落戶的淒慘味道。

在端盤子好不容易賺的那點錢卻被襪子挖了社會主義牆

角的時候，春雷一聲震天響，傳來了一條振奮人心的「號外」：鄰街一個小百貨店倒閉了！

「天無絕人之路」！美國總是時不時地要倒閉一些店來拯救諸如我這般的人類。當然我可絕對沒有幸災樂禍的意思，而且也明白這是資本主義國家患了不治之症的具體體現。不過民以食為天，並以穿為地，所以我第一個想到和做到的，還是一大清早爬起來去等開門，並隨著人頭攢動擠進去大肆搶購一番。

第一個搶購的目標，當然是襪子。一切減價５０％，不買白不買，不搶白不搶！

形勢是大好的，成果是喜人的：我把我這號尺寸的襪子全搶救了出來，一共五十多雙！

不過第二天，所有的東西減價７５％。

此後的日子，心情便如富家子弟一樣舒坦，有著一種再也不愁柴米油鹽那般的喜悅，時時毫不吝惜地更換著舊襪子，毫不吝惜地扔掉破襪子，毫不吝惜地施捨給襪子意外綻花的朋友們，也毫不經意地用粗糙的手大咧咧地對待著可憐的襪子們……

終於發現，原來家當並不多，才一個來月，便只剩了三分之一。吃了一驚之餘，不得不嚴肅整頓一下自己，鬥私批修、憶苦思甜、痛加反省，並研究了一番細水長流之法，決心從此開始開源節流。

在襪子運動還沒有過去時，自己卻已畢了業。穿了一身黑和尚服在臺上風光了一晚上之後，便暫時告別了學生生涯。

這便意味著不交學費，也便意味著不一定要天天穿了黑老太裙絲長統襪抹了胭脂去端盤子，且還意味著可以找一個白領工薪族的工作了。

便終於在學校找到了一個，雖低薪且可能是臨時的，但畢竟鳥槍暫時換炮，從此坐上了辦公室。

只是為防萬一，加上自己還要鍛煉身體促進消化，又要助人為樂地幫幫原店老板的忙，所以，週末的盤子還是要時不時地去端一下的。

黑裙子露臉的時候便不多了。可襪子卻又似乎不然。

原以為坐辦公室手便會細膩，腿也不再發粗，對襪子的保護都大有幫助。然而事實證明我又低估了形勢。

辦公室四季如春，且朋友告訴過我，美國約定俗成似地希望女人們穿裙子上班。而我除了有幾條不登美國辦公室大雅之堂的牛仔褲，和有限的一兩條配了套的過於正經穿了難受的西褲之外，只有那條可憐的黑裙子。所以臨上班了，卻有著一種被皇帝抄過家的赤貧之感，深切地體驗到了資本主義國家中無產階級的悲慘處境。

裙子不得不買。

買了幾條還不夠。資本主義講究的是服飾常新。總穿一兩件同樣的衣服，同從來不換衣服是同樣的寒酸效果。難怪一個朋友直嘆，要用三分之一的工資買衣服、還有三分之一要交稅、最後三分之一要交房租與買保險。則想想看，活人還會有什麼日子過！

白領似乎遠沒有下海端盤子舒服。端盤子時不買衣服不交稅（多由店裡給交），即使交了學費也沒象現在活得這麼麻煩！而且那時只要擺著笑臉給人看就夠了，現在還要買「七分鞍」來全面地裝配自己，十足的形式主義！

別的矛盾多了，襪子的問題卻並未減少，而且是同裙子的比例呈正向發展。所不同的是，當裙子呈算術級數向上增長時，襪子卻是呈幾何級數增長的。尤其坐辦公室是不能穿哪怕只有一點破洞的襪子的，這一點又同端盤子時不同。所以，襪子的壽命似乎比端盤子時還要短。幸虧每週還有兩個晚上打餐館，還可以把在膝蓋以上或足踝以下有了一點破洞的襪子重新廢物利用一下。因打工時如那破洞向下或向上延伸，不僅往往是可原諒的，有時甚至不會有任何人發現。可如這發生在坐辦公室期間，便大逆不道，且好像全世界的人都在盯著你看，令你感到非常ｇｕｉｌｔｙ（有罪惡感）。其實關於坐辦公室必須衣冠楚楚、一絲一毫也馬虎不得的這一革命道理，從剛到美國那一刻，許多朋友便已對我進行了反復的教育與熏陶，使我終於將其牢牢地記在了腦海浬、溶化在了血液中。現在終於有了機會，便當然又實行在了行動上。實行的結果，便是工作了一個月的時候，我的襪子的庫存只餘了十分之一。

打餐館的次數目前畢竟已太少，已不足以進行充份的廢物利用。

形勢是極其嚴峻的。襪子好買，錢也尚有，可仍有被這種嬌滴滴的尼龍製品弄到傾家蕩產的威脅。這是一種世界末日的感覺，令人惶惶不可終日。

上海人的精明，那可不是吹的！一同端盤子的便有那麼一位，是F－2（留學陪讀）的太太級。平時她動不動就操著洋涇的普通話，一個勁吹自己多麼多麼能幹，把任何人都不放在眼裡的模樣，很有點著了眾怒。可有一天我卻發現，她還真是有那麼兩把刷子的，你不服不行！

她的真才實學足以從下面這句話裡體現出來：「襪子一定要買大一號的，穿起來就不會很快壞。」

著啊！怎麼以前從未想到這一層？！

天下大事，好極必壞，壞極必好。於是就似乎見到了一點曙光。

可畢竟還有一些庫存，總不見得把它們都扔了再去買一批以驗證那位太太級的話是否是真理吧？況手頭上的這些也還需要小心愛戴才是，艱苦樸素的光榮傳統總不能從我這兒被破壞了吧！

想起每天還要小心翼翼地當襪子的奴隸，便天天盼著能等到有翻身農奴喜悅的那一天。

那一天，是不知不覺來到的。

勤勞勇敢的中國人民一直有著睡午覺的優良傳統，這傳統令我尤其在午飯後倍感睏頓不堪。那天坐在電腦前便正處於這種朦朧狀態，不知不覺就趴在了桌子上。突然聽到身後有一陣壯烈的腳步聲，便迷迷糊糊睜開眼向胳膊底下看去，生怕那是小老闆來視察工作。

這一看不要緊，渾身一機靈頓時精神萬倍高漲，差點兒沒從椅子上跳起來！

——不僅因為我看到的正是小老闆的肥腿，還因為我看到了……

－－看到了，一腿的毛！

小老闆，是女性的白洋鬼子！

你知道這說明什麼？

不僅說明她腿上像男人一樣長滿了長毛，而且……

而且說明了：

——她壓根沒穿襪子！

小老闆是個走路轟轟烈烈地動山搖的紅衛兵式的人物，所以除了我這個粗心人，恐怕誰都應會注意到她那兩條威風凜凜的雙腿。那麼就是說，她都可以不穿襪子的話，則……

這時才發現，我一直在犯著一個極其嚴重的政治錯誤：平時只顧埋頭拉車，竟沒低頭看腿！

遂在極度興奮之中，一連幾天觀察了週圍的女洋鬼子們。結果發現年齡越大，衣飾越像三仙姑似地桃紅柳綠；年輕些的，雖然天天幾乎衣不重樣，卻都是些不修邊幅的東西：西裝短褲，牛仔褲，大筒裙，洗得發白或著色不勻的布裙……什麼都有，就是工於心計作出嚴肅狀的樣板裙們不見上身！

而咱的小老闆，便只有三十來歲。

聽說私人公司只有周五才可有牛仔短褲上身，咱這不明擺著是身處世外桃園？可粗心的我，竟到今天才意識到，真正虧本！

要知道，全世界的領導、或幹部、或老闆，都是一回事：他們都希望下級模仿他們，以充分三突出他們自己。在平時這倒不算什麼，現在可是救人民於水火的時刻啊！

畢竟有點太出意料，也太異於我來美後一貫受到的再教育，為不至太過輕舉妄動，遂趕緊去問當年給我傳經送寶的朋友。她聽後一撇嘴，漫不經心地說：「你真是十足的教條主義！咱那傳的是在公司上班之經，如在學校的辦公室嘛，當然應該自由散漫些了！你沒看醫生不治自己的病嗎？學校也不教自己的人！得！算你ｌｕｃｋｙ（走運）！」

當時真有一步登天之感！

至於那以後的襪子的故事，我想是不必再說了。

過不久，一位好友要陪其先生到日本工作，便把她來美後買的許多衣服送給了我。很多，我得用個巨大的塑料袋把它們扛下樓來。當時如有人看見我，一定以為是在偷東西。

朋友痛苦地說：「唉！又要到那必須穿得一本正經的地方去了！」

不比不知道，一比嚇一跳。階級對比之下，我是多麼幸福！

啊！解放區的天，是明朗的天；解放區的人民好喜歡！

辦公室的淨壇使者

辦公室新來的女程序員，是個黑人，叫芭比。

名字倒著實好聽。尤其那個「芭」字，總讓人想起在月光下隨著微風婀娜搖曳的溫柔富貴的芭蕉葉子。能「比」得上這種「芭」蕉葉，可見其美。

然而咱們芭比，卻同芭蕉葉風馬牛不相及。

(一)

每次見到咱們芭比的小腿，總能令人十分同情地想到「碗口粗」這一與雷鋒胳膊上的傷痕緊密相關的詞彙；而每當想起「碗口」二字，便又不得不想起徐州街頭賣羊肉辣湯的那種特大號海碗。於是不得不承認，人家那極為隆重的小腿儘管慘不忍睹，卻總能讓我們時常複習到中國當代史與中國文化，從而對我這種動輒提筆忘記中國字、又時不時吃西餐開小車不肯憶苦思甜的不孝之子來說，也算得上是苦心教育、功不可沒了。由此舉一反三，終於又透徹地悟到，原來丑學果真也是一大學問、並且確同大名鼎鼎的美學同源。悟破此機之後，我再也沒敢造過謠、對這類學問說些諸如「這都是那些老學究們閉門造出來嚇唬咱老百姓的」之類的混帳話。

說起芭比的體形，叫個棗核恐不錯，只是這說法總還太苗條了點；稱之為水缸也很近似，只是水缸的兩頭又不夠玲瓏。所以，如果說兩頭是棗核尖兒、中段是水缸，算是更客觀一點。

最不明白的，是為何美國人那麼愛說一個「愛」字。在辦公室打私人電話，放下話筒的同時必是用「我愛你」結尾。對人倒也罷了，對物竟也如此：只要比「喜歡」二字稍稍高一點層次者，全部都以「愛」字冠之，一點也不講含蓄，更不管日漸增多的外國人是如何日漸增多那滿身的雞皮疙瘩。所以，要說空氣污染，人家一點也不比中國強；要說對人權的侵犯，人家一點也不比中國差。

人家芭比便是那種培養我們雞皮疙瘩的人之一。不過說句公道話，她的「愛」，總同咱中國文化緊密相關，所以同她在一起的日子裡，我儘量多穿長袖，以極力掩蓋疙瘩問題，用以保護人家愛咱中國文化的革命熱情。要知道，儘管出國這麼幾年了，五講四美三熱愛嘛，咱還是記得住的。

從芭比那個在美國俯拾皆是的體形上，我們當然馬上會明白她每時每刻深深敬愛著的，究竟是什麼了。用她自己每天像品茶一般津津樂道至少重複兩遍的話來說，就是「I love food so much！（我實在太愛食物了！）」儘管她因自稱「保護動物」、「不殺生」而堅決不肯吃肉；如不小心吃了點肉，便會「感到噁心難受、渾身無力、得馬上吃藥」云云。（為尊重人家起見，我從未問她究竟吃的何藥。）當然對於海鮮，她是並不把其歸於動物類的、從而無須再耽心「殺生」與吃後難受的問題。

在她所列舉的食品中，她的「最最最親愛的」，竟是我們的中國菜。

所以，當她聽說被分到我們辦公室、將要同我們這兩個中國人並肩工作時，可以想見她是怎樣的欣喜若狂！

所以，你也一定明白我捨命穿長袖的原因，及其深遠的愛國意義了。

可以大言不慚地說，我們兩個「骨肉同胞」，似乎並無柏楊所批判的那種互斥互斗的精神，倒是樣樣都相當一致。比如天天帶中國飯，每次正點開飯，開吃前必先你請我讓地互相品嘗一番， 等等。此曾令辦公室大鼻子們很是不解很是敬畏了一段時間。為了對這幫美國人進行中國文化的深刻教育，我們還儘量讓飯菜的香氣四溢，直到從四週那各小辦公室紛紛傳出極為協調的吞咽口水之聲，我們才算正式開吃。對此，應很好感謝那放在過道裡的微波爐：所有辦公室小屋都沒門，那沒門的門都開在那過道裡，微波爐便自動成為交流各族食品文化的中心。

沒想到的是，有的人可絕不肯只停在口水階段。這就時不時讓我們充份體會到了美國人那種「直爽隨便」的文化習俗，於是不得不逐漸增加所帶飯菜的數量。當然這對中國菜來說，並不難辦；而只要炒菜時多加兩片菜葉，便可發揚光大中國文化、並甚至可以相互交流到各自的民族文化習俗，則這種吃小虧佔大便宜愛國愛人民的雷鋒事跡，當然是要樂而為之的了。

只有一個人，更不只是停留在「時不時」聞味與「偶然」品嘗的社會主義初級階段上。其實從我們開始帶飯的第三天起，人家已牢牢地成了我們的跟屁蟲。用人家自己的話說，就是「咱們組成了一個食品陣營」。

因其屬「Fan」（粉絲）類，於是，這個「第三者」加入之日，便是我不得不開始穿長袖之時。

芭比對中國菜之「愛」，簡直到了如痴如狂的地步，往往令我們這些自認民族精神很強的正牌中國人都自愧弗如。於是我這個在辦公室幾乎從來沒餓過的雞飯量的人，帶了再多的飯菜，飯盒都最終會像洗過一般地乾淨。最初我的菜中常常有肉，人家也捨命品嘗，即使食後一再宣稱不得不吃藥，人家也竟心甘情願，並且還常常能品出我們所品不出的好滋味。

見她對咱中國文化如此捨命相 love（愛），我倆不得不深受感動。於是很有一段時間，我們儘量只燒素菜；碰到她有時不在，也會專門留些剩菜，湯湯水水地放在她的辦公桌上。於是她便表現出感激不盡的神態來，同時一再請求我們「只管燒肉菜好了」、即不要只為她一人的喜愛考慮。當然，她有時也強調一下：「海鮮是有益健康的，而且更適宜做成中國菜」。每當此時，我們便會笑嘻嘻地答：「什麼都適宜做成中國菜！」她於是又不得不表示舉雙手贊成。

其實有時我們的菜做得並不好吃，但比起美國菜來，卻仍美味得多。人家芭比對此往往感到很迷惑。有時她也會讓我們多少品嘗一點她精心烹製的東西。然而品嘗之後，再看著她帶著無限崇拜的神情全心全意地咀嚼我們的剩飯，我們都會無限遺憾地想：當年吃憶苦飯時能夠帶上他們美國人該有多好！那我們一定會完成那整整一大缸爛菜葉煮糠，從而成為大家學習的好榜樣，甚至混個五好戰士之類的當當，也未可知。

後來有幸，去了幾回上檔次的一本正經的美國飯店，從此這種感慨不僅持之以恆，而且更強烈百倍。最最搞不懂的，是為何美國人一定要先當兔子、吃夠了生菜葉，才再像狼一樣開吃主食。

還有一事百思不得其解。同樣的飯菜，我們給美國人燒時，油還往往少放些、當然更是不用豬油。可為何即使他們天天吃中國菜，也仍是驚世駭俗地胖下去。相比較而言，中國人無論怎胖，都胖不過美國人。難怪以前在餐館打工，曾有一個與真正肥胖的美國人比還算相當苗條的老太，誠心誠意地向我們的老闆娘取經:「是不是只要天天吃你們的伙食，就可以變得和你們一樣苗條？」老闆娘理所當然地使勁點頭。可經我反復研究，此條卻似只對一半美國人有效。

即使是天天只吃素的芭比，似乎也只歸那另一半美國人。「很不幸！」，我時常很可憐地盯著她的背影。儘管人家自己毫無怨言，反而因了我們在她身邊存在著而覺得無限幸運。

在辦公室吞咽口水、競相索嘗我們飯菜的運動中，尤其在同芭比實行「同食」的過程中，我們還極為深刻地認識到：中國飲食文化的影響力的確深遠，確實是向全世界傳播中國文化、進而征服宇宙的強大武器。我們每個中國人，都有責任向世界推廣中國菜，甚至可以考慮在全世界把中國菜叫作「普通菜」，然後像國內推廣「普通話」或「國語」一般，向全世界來一個「星火燎原」。

尤其在這美國。也難怪人們總說美國沒有吃的文化、有必要進行吃的勞動改造。

可惜，要不是柏伯伯的揭發，中國人民在美國也就不會那麼一盤散沙、早也就開成了中國麥當勞連鎖店了。

中國曆史上可誇耀的，聽說只有四大發明，且據說四大發明也只襁褓階段、後來在外國才真正發揚光大。至於其他種種業績，便如「頭髮絲拴豆腐、提不起來」。比如吃大鍋飯和終身僱佣制，雖在我國幾億十幾億人民中，曾進行過十幾年幾十年的摸石頭的革命實驗，結果卻徹底砸了，一損失就是幾十年，教訓慘重；可這在人家小日本，卻硬是靠這兩條我們認作「毀國之源」的東西上，穩穩當當順順利利發了家。

以前每想到這些，便感到窩囊！

而今，咱卻終於發現一種可以徹底征服美帝、尤其全世界的東西！此情下，如再以朱襄公愚蠢的仁義、或又稱君子風度的那自欺欺人的東東，把戰機拱手交給這些帝國主義反動派，那千古罪人便不再是別人、而是我們自己了！

一旦意識到這一歷史嚴重性，不由不痛打一個大激凌！

－－看來解放全人類，確是我們義不容辭的責任！

我，和我的那位同胞，便痛下了要用中國糖衣砲彈徹底改造美國文化這一革命大志。

但以芭比一直在美帝國主義黑旗下長大的那點覺悟，當然不會理解我們地下黨的革命意圖。她自認是個聰明人，知道如只有進而沒有出，其「進」便不會長久。雖然她萬萬想不到，即使不用任何東西來賄賂，我們也會向她推廣我們的「普通菜」。

她開始想方設法弄點東西以示交換。

漸漸地，每當她外出開會回來，我們兩位骨肉同胞的桌上便開始琳琅滿目。什麼鋼筆鉛筆圓珠筆，什麼巧克力糖豆可口可樂，什麼鑰匙鏈掛曆記事本……。到了後來，只要是人家會上可以免費提取的東西，都會式樣齊全地呈現在我們面前。有時甚至把人家做銷售樣品的藥片也原封不動送了來，全然不顧我們的忌諱。這常常搞得我們很不舒服，生怕被別人當成小偷、或起碼是貪小便宜的角色。我們自己被人家指著脊樑骨罵成賊事小，要是因此而被人把咱中國看低了，那可就事大了！這喪失人格國格志氣格的缺德招牌，我們是絕對不肯背的！所以，她前腳出門，後腳那些腐敗的罪證就會被紙包得嚴絲合縫，炸彈一般地投到了垃圾箱裡。有一段時間她外出得較頻繁，於是我們幾乎發生紙荒，儘管美國從來都是紙天紙地。

這種鬥爭與反鬥爭，一直持續了很久。直到有一天，出現了「生薑事件」。

（二）

那天芭比來得很晚，一進辦公室便神神秘秘把我倆拽到一起。然後按她的示意，我們三個腦袋像被集體批鬥似地全都湊到一塊並低到了桌子以下。便聽她賊兮兮地捏著嗓子嘰嘰嘰地小聲說:「好消息好消息！幸虧被我看到！你們想知道是什麼嗎？」她不再往下說，只用明顯的吊胃口的目光，兩個大金魚眼白瞪白瞪十分得意地看著我們。

同胞大大地打了個哈欠，我則不耐煩地活動了一下低得極不舒服的脖子，然後我倆一齊用明顯不感興趣但卻又不得不硬擺出的感興趣的神態，亦白瞪白瞪著雙眼十分認真十分專注地看著她，沒說話。

她從來都會極不巧妙地掩蓋所感到的掃興，精神頭十足地甚至提高了點聲音，激情滿懷地又開口問道:「你們一定注意到我剛纔來遲了。你們知道我為什麼來遲嗎？」但馬上知道不該再等回答，於是同胞的下一個哈欠還沒未來得及打出，她已急忙自己接了上來:「OK OK！我來告訴你們。－－方纔我路過一個飯店，店裡的人正在把兩大筐東西扔出來。你們知道那是什麼嗎？」她剛想再停頓，卻及時悟到什麼，很識趣地趕緊把話一口氣吐出:「那是好些好些根啊！知道什麼根嗎？OK，我自己回答。我仔細一看，是人參啊！就是你們用來做中國菜、特別是燒肉用的那種辣辣的調料啊！」

我倆立即明白她把生薑與人參弄混了，終於來了點興趣。於是一再追問：究竟是我們曾經用來燒菜的呢？還是偶然在辦公室用來像茶一樣泡水喝的？她對我們的追問很是興奮，在游戲般地閃爍其詞了一番之後，終於明確地告訴我們：是生薑；她方纔把兩個詞搞混了。

熱鬧過去，輪到我深深地打了個大哈欠，問:「那又怎樣？」

「我拿了整整一大書包回來，三十磅以上啊！」她的興奮與幸福，不亞於登上了珠穆郎瑪峰，而且毫不缺癢狀。

「你偷了三十磅？！」我倆的八隻眼立即瞪到了極限。

「當然不是！人家不懂、也不會用生薑，所以是當垃圾扔出來的。我問過他們是否可以讓我拿，人家說：全拿去都沒關係！你們說，這不是好消息又是什麼！」她已興奮得幾乎透不過氣。

我倆當然不信會有這麼好的事；就是臉上，也已沒法裝出全信狀、只能擺出半信半疑樣，這實際上已經很對得起她了。

「那麼多，我相信能吃很久！為了表示我們之間的友誼，何況你們用姜來做菜肯定好過我，所以我想送給你們每人幾根，請你們千萬不要拒絕！當然我更希望你們帶上包，咱們現在溜出去，再去拿它一批回來，豈不更好？我剛纔實在找不出其它容器了！」說到此，她遲遲疑疑試試探探但又那麼渴望地望著我倆。

拿自己上班的包，去裝那形跡極其可疑的根狀物？亂彈琴！

雖未經過她的批准，我倆的頭已一齊從桌子底下縮了出來，異口同聲地說：「太忙，不能走開！得幹活了！」立即回到各自的桌前埋頭苦幹起來。

這次，她的失望是沒法掩蓋的了。沒法子，不這樣，她的秘密會議永遠不會結束。

那天上午她突然變得非常沉默。原還警惕她會向我們借包再去偷，竟沒有。這應只有一個可能：太遠，她不肯自己去。這一猜測果然得到了證實，雖已是後話。

中午，當我倆又在過道散足了民族煙幕彈回來，她卻不見了。我倆對視一笑，都相信要有什麼人的包會倒霉。不過這次我倆都猜錯了。剛開吃了沒幾口，她已風風火火滿頭大汗從外邊沖了進來。進來先向我倆飯盒中看去，然後很放心似地吁了一口氣。

當我倆眼睜睜地盯著她小心翼翼地掏出來那碩大的兩根「生薑」時，不得不承認，這次她確確實實地、毫不含糊地、大大地，給了我們倆一人一個驚訝。

假如你當時也在，一定也會馬上想起當年的江湖郎中的光輝形像，尤其是在東北街頭專向外地人兜售「補品」的那批「專家」。

你也一定會馬上想起，這些人吐沫星子橫飛地兜售「人參」時，最常使用的是哪些激動人心的用語：白白胖胖，有頭有身子有胳膊有腿，……長得像個會跑的娃，是上上等級千年的老參啊！

眼前，便正是白白肥肥的小人兒一樣的髒兮兮的莫名其妙的大樹根，狗皮膏藥似地耀武揚威地坐在芭比的手上，仔細地盯著我們。

可芭比認死了這是「生薑」、絕不是什麼真假「人參」。論據是其來自餐館、並且扔掉它們的人明確承認這是「驚蟄」（ginger）而非「精神」（ginseng）。

看著芭比像江湖郎中般那麼認真地辯駁著，不得不遺憾她實在是中國補品加江湖郎中的科盲，竟完全不知人參與生薑的價值之比。我們自己主動來上當她都不認，實實可惜了那批街頭生意家！

這倒也罷了。只是這種像極了千年老參的白胖樹根，怎麼竟會出現在到處紅花綠草的美國的土地上？

而且，又怎麼會從一個美國餐館裡鑽出來呢？

怎麼想，都感到不合邏輯！若是小說家，一定會從中捏造出許多故事；若是私人偵探，一定會很努力地進行一番推敲推理，說不定還會解開一兩個什麼大案要案。

芭比可沒功夫幫忙推理，她正忙著要舉行世界上最隆重的交接儀式。千叮嚀萬囑托地，她把兩個泥乎乎的髒東西小心翼翼地分別放到了我倆手中，然後，帶著無限惋惜的神情，盯著我倆以同樣小心翼翼的動作，把這莫名其妙的樹根放進了包裡，這才放心似地吁了口氣。眼中仍不無痛楚地向著我倆的包們，分別進行了足夠長的注目禮，竟長到了飯菜足以涼的地步。之後，眼睛不看我們，中氣不足地竟又問了一句：「夠了嗎？其實我車裡還有。」

別說我們壓根怕透了這倒霉的怪東西，其實只看到她那緊張心疼的樣子，就足以使我們滿懷感激地謝絕了。於是我倆的頭不約而同波浪鼓似地搖了起來，迫不及待地嚷：

「不要了不要了！一個就快兩磅重，夠吃倆月了！」

第二天，同胞很小心地問我：「那……那……玩意兒，你拿回家了嗎？」

不用問，便知她指的是什麼，一笑，答：「還在車上。」

她於是也一笑，說：「我的也是。」

又過了兩天，那倆寶貝仍分別在我們的車上，很榮幸地佔著一席之地。

那幾天，芭比正好請了假，沒來上班。

第五天頭上，芭比終於在午飯時光，及時回到了我們中間，而且吃飯時，竟十分專注地在同胞的菜中找到了一絲生薑，於是很興奮地大叫：「這就是我送給你的那個吧！」

同胞與我對視一笑，我倆異口同聲地回答：「是！」

－－後來才發覺，這種當時取悅人家的作法，代價是多麼地驚人！但那時，後悔已經晚了。

芭比於是很激動地說：「我給我所有的中國朋友，都一人送了一個，他們都很高興！」

我和同胞又對視一眼，這次沒笑，也沒說話。

後來，我和同胞經反復商議，決定還是不把這老底揭開。因為我倆畢竟都傳統，誰都不願意出這個頭去對她說。

但天知道芭比把這玩意兒當成了什麼樣的聚寶盆！過了多日，她仍在很興奮地談論此事，反復地提醒我們她所贈送的那份無價之寶，一再暗示這是個多大的人情。並且過了很久，她不再用各種免費物品來「交換」。這對我們倒正中下懷，我倆甚至為這歪打正著的奇異效果倍感欣慰。

誰知，高興得未免太早！

對於那個無價寶，我倆初還擺出像授了勛般的感激來。時間久了，也就不再耐煩，每當她再提起，我倆就都把眼光垂下，羞澀似地看著地下。

一兩次下來，她竟有些著惱，話裡話外帶出了刺。幾次刺兒下來，連我們自己都覺得自己真的忘恩負義了。

於是我倆一致相信：其他也被她授過「勛」的中國人，一定也同樣有著深厚的民族傳統精神，因為他們顯然誰都未曾向她公開揭示這大傻樹根的反革命真面目。正因為此，他們當然一個個也都已成了忘恩負義的壞份子。

可無論怎樣，我倆最終仍未點穿其真相。

這種頑固性，連我們自己都始料不及。

這樣，在我倆與芭比之間，就徹頭徹尾埋下了刻骨的階級仇、民族恨。

（三）

要說芭比的氣性也太大，竟挑了個最不該下手的角度，來對我們進行階級報復。

辦公室要修建，所有的人都臨時搬到一個巨大的廳裡工作，低頭不見抬頭見地過起了集體生活。也不知有意還是無意，芭比坐在了我同胞的對面、我的左手邊。

這本應是她更可樓臺得月之時，卻偏趕上她積怨待發之刻。

臨時辦公室沒有微波爐，搬「家」的當天，我和同胞決定到附近的快餐店 Burger King（漢堡王） 去打點一下肚子。出於對「同一個食品陣營」的關注，也因為沒有及時提高階級警惕性，我倆自然也想把芭比叫上。

胖子的肚子餓得快。我們因為離得近，叫她之前，便已很清楚很榮幸地聽到了她肚子裡那咕咕咕的鴿子似的叫聲。每到此時，她的凳子會移來移去也發出不少雜音，或者正好是她使勁搖動杯內冰塊而發出了嘩啦嘩啦之聲。我和同胞自能明白無誤地區分兩種不同來源的叫聲，所以，此情下叫她，若在以往，她斷會很興奮地迫不及待地撲到我們的陣營中來。

可這次，不！

她的水缸半天沒動，很久才從上棗核部位冷冷地憋出半句話：

「Why Burger King？」（為什麼去漢堡王？）

又一次出於輕敵，我沒及時注意到她的反抗情緒，卻以為又是可以對她進行民族教育的好機會，於是忙忙地問：「那就去中國店買外賣吧？」

她仍眼皮也不抬，待我渴望的四眼將她的肥臉看得煩了，才慢吞吞地做了決策似地說:「OK、OK ！Burger King！」同時又用力晃了晃杯中的冰塊，於是又可聽到兩種不同的咕咕聲。

以為她這次只是偶然不合作，未料人家其實蓄謀已久、有備而來，要對我們的傳統文化來番「拒腐蝕、永不沾」的鬥爭。

這，集中表現在她仍處處與我們為敵的言行上。

那天，為把辦公室的電腦都及時安裝到位，電腦專業畢業的中頭兒（我們的中級領導）親自動手為每個人安裝。但不知是因他老人家記性不好，還是眼睛散光從而只能看到四週、卻看不到屋子正中的唯一的這兩個外國人 ，總之，下班時，全辦公室只有兩個電腦未安裝好，即我和我同胞的。

我倒問題不大，沒電腦帶來的唯一問題只是沒事幹。同胞可慘了：晚一天開工，會積下幾倍的活計讓她趕；而且她後邊還有好幾道工序催著，這種壓力，添得冤枉。

但我倆都沒辦法，只好坐在一邊說悄悄話。

下班時分，辛苦了一天的中頭兒第一個要離開。他才走到門口，芭比突然厚厚實實地一下子立起了水缸，大聲呼喚：「中頭兒中頭兒你先別走！」

眾人俱一驚，齊抬頭，目光全集中在她的上棗核上。中頭兒也停了腳步，詫異地盯著她。

很有了點出風頭感的她，一時興奮得黑臉通紅，煞有介事地高聲宣佈：

「今天，中頭兒為我們每個人都裝好了電腦和軟件，辛苦了！咱們應當以熱烈的掌聲，對他表示衷心的感謝！尤其是我右手和對面的這兩個中國朋友，一定更加感激不盡！」

辦公室很多人不明真相，便急風暴雨式地鼓起掌來。

一見這麼長時間的民族文化，卻只喂出個中山狼來，我的氣便不打一處來。況中頭兒這次做法也實在太過份，無論從工作角度還是從排位角度來看，我和同胞都應當排在前列，可他竟敢如此明目張膽地對待我們！

尤其是這個倒霉的吃錯了藥的芭比，竟捏了我們又想拿我們當猴兒耍，是可忍、孰不可忍！

不過，也好在是她跳了出來，正好給我們提供了一個登臺鳴冤的機會。

我便也一下從椅子上蹦了起來，趁著芭比的話聲以及那片掌聲還未落下，嗓音十分響亮地及時接上了話茬：

「說得對，芭比！我們兩個尤其應當感謝中頭兒！因為中頭兒專門照顧我倆，除了我倆的電腦，其他人的全裝好了。這樣的好事，不廣泛宣傳怎麼可以！」

大廳內驟然變得鴉雀無聲。中頭那本來喜氣洋洋上了光榮榜似的臉，突然紅到發紫，十分尷尬十分不安地看著我們。

芭比這活寶反到似乎更得意了，馬上接口裝模作樣地問：

「怎麼？只有你倆的還沒裝？」

「絕對正確！正好是我倆的沒裝！我希望你知道並好好記住這一事實！」我理直氣壯狀。

「那可真不好意思！那……」她剛要擺出一付扭扭捏捏的樣子來。

「Shut up（住口），芭比！」中頭怒吼了一聲，便一轉身，出了門。

芭比冷不丁吃了這一嚇，表情上一時很有點丈二和尚的味道。但見全體人員都那麼異常地沉默，也就只好不再作聲。只是那天她直到走，也還不明白中頭兒的火從何而發。

第二天，我和同胞不約而同晚來上班一小時。——反正沒電腦，幹嘛獻慇懃！

一進門，卻見中頭兒正滿頭大汗地在折騰我的電腦。見我倆駕到，立即慇懃地滿面微笑，及時從我的桌底下鑽出來，很熱忱地同我們打了招呼。接著，很出乎我倆意外地連聲道起了歉：

「昨天真的很對不起！我本來應當先給你們安裝的。請你們接受我的道歉！」他轉過身對同胞說：「你的我已弄好了，現在就可以用了！」

他的誠懇態度沒有絲毫虛假，不帶絲毫嫉恨，也不怕全廳每個人都能清楚聽到他道歉的聲音。

這就是許多美國人的長處：他們從來不怕認錯，從不死要面子活受罪，更不十分牽掛於尋找計謀去報復。

對他的態度，我和同胞都還滿意，便也就一笑帶過。要知道，咱國內同一個城市內的城南和城北都相互瞧不起，江南和江北人都可勢不兩立，更何況又有哪個城市、哪個省份不在全力以赴地搞排外……那麼，幹嘛偏要對人家美國人的某些偏見如臨大敵？大不了，一視同仁地敵我矛盾按人民內部處理就是了，何況這萬一其實只是個誤會呢？

哪知，一旁想看熱鬧的人家芭比，卻並不屬於中頭兒的這類美國人，反倒好像更加氣憤了起來，臉板得十分悲壯，並且那天再也沒主動同我們說過任何話。

我們的警惕性卻早已減弱，以為中頭兒的認錯也就是全體人員的集體認錯了，早忘記身邊隱藏了個死心塌地的階級敵人。

午飯時，我倆立場不堅定地竟又順便叫了她一聲。

要說這傢伙也實在笨，總是在人家對她好的時候來算計人，令人得以永遠記住她的不識實務與不可友交。天底下竟有如此堅決地與人民為敵的反動派，也真是不可改造的了！

所以，這傢伙聽了我們的叫，不但不知恩，反像是早已準備好，我們的話音還沒落，她已讓全大廳所有的人都聽到了她那虎妞似的粗嗓門：「怎麼？還是要去 Burger King ？我就知道你們中國人只喜歡 Burger King！我可再也不想去那種地方了！」

說到「中國人」三個字時，她的聲音裡滿是嘲諷與刻薄。

可說起來我倆那天也笨到出奇，直到走出門外，才反應過來她這話的意思，心裡那個窩囊！

第三天，又到了吃午飯的時間。由於仍沒有微波爐，大家仍只能再去打野食。

芭比這回可絕對沒有料到我倆又十分親熱地去叫她。幾天都是一個人噎悶食，對她這樣的人來說，一定十分痛苦。

「今天你總會同我們一起去 Burger King 的了吧！」我們熱忱地呼叫，態度絲毫沒有異常。

這次沒提高階級警惕性的，可就是她了！

她被前幾日的「勝利」沖昏了頭腦，一時以為又得了機會，馬上很得意地笑：

「怎麼樣？我就知道你們喜歡 Burger King ！」

這次我們仍沒同她計較，態度十分平和地堅持邀請著她。她的內郁了那麼久的氣發散了那麼多次，似乎已好受不少；加上水缸裡不失時機又傳出了某種咕咕聲，她的態度終於變得柔和起來。

同胞於是和藹地問：「那咱們去中國店吃，好不好？」

芭比精神頭很旺盛地立即答：「哼！這還差不多！」

我便接問：「看來還是中國飯好吃，對吧？」

芭比認定了我倆是在掛白旗、討她的好，所以端起架子之餘，很歡快地大聲答：「當然！難道你們還要再去 Burger King 不成？！」

同胞便接了一句：「 Burger King 的確是不好吃！」

芭比扯腔扯調地亦接：「怎麼樣？早對你說過了嘛！」

終於到「地方」了，我便公開攤了牌：

「芭比你說說，連你們美國人都不喜歡吃你們本民族的食品，你怎麼卻會認為我們中國人喜歡？」我有意重重地咬出「中國人」那三個字。

「是啊！」同胞亦說：「連你們美國人都寧願吃中國菜而不要吃你們自己的菜，我們中國人又怎麼會喜歡你們的 Burger King 呢？」

「不過只是近些而已。要是附近就有中國店，哪怕是冒牌的，我都不會再去 Burger King ！」我說。

「你呢，芭比？我們相信你也這麼想，對不？」同胞很親切很關心地問道。

芭比被食噎住了似地，兩個金魚眼又那樣白瞪白瞪地支楞了起來看著我倆。她的那出乎意料的可憐模樣，竟同時博得了我倆的同情。當然這同情，是對被打傷的俘虜的那種。

那一天，十分饒舌的她，竟幾乎沒再說一句話，十分乖順，一付要改邪歸正之狀。

（四）

很快，一個顛撲不破的真理就在我們之間顯現出來：我們的食品陣線，以及辦公室內民族文化交流等等一系列重大的世界性問題，都只由一種實物相聯結：辦公室的微波爐。

沒有微波爐，所有的那些鬥爭與反鬥爭，爭奪與反爭奪，人民內部與敵我矛盾等等，全都會自動化為無有。

然而，等到認識到這一切，已晚了。

原辦公室終於修建完畢，大夥兒統統搬回了舊地，所有東西全部換成新的。本來我們應為此感到高興才是，然而各懷革命與反革命鬼胎的我們三人，卻同時感到若有所失。

原因在於，大老闆下令：為不使辦公室內的「空氣污染」、不使辦公室新鮮用具包括地毯沾染上食品污跡，從此辦公室內不准設置微波爐。

要不怎麼說咱大中華民族乃全世界最偉大最優秀民族之一？不然，誰會在幾千幾萬年之前，便已精確地預測到我們辦公室將要發生的這種奇跡，從而先知先覺地創造出「因噎廢食」這一描述我們美國老闆今日光輝軼事的精準詞彙？

「因噎廢食」造成了釜底抽薪，到底很有點打擊了我們實施糖衣戰術的積極性。

但被敵人反對，到底是好事而不是壞事，況我們的砲彈們也早已廣泛發揮了其威力，所以，退休就退休好了，並無太值得後悔之處。

我們很快也就釋然。

然而慚愧得緊：我們的革命意志，竟遠比不上芭比！

微波爐取消以後，辦公室一時實現了大同，所有人無一例外地要外出打野食。沒多久，人人都適應了現狀，階級鬥爭的勢頭於是大大減弱。

只有一人，似乎遲遲跟不上階級形勢，每時每刻都在深深懷念當年辦公桌上的食品，每分每秒都在策劃反攻倒算。

她先從家裡帶來一系列電用加熱器，或是鍋類或是壺類，當然同時動員我倆再帶午飯來，對這些器具進行輪流試用。然而效果並不很佳，把個菜弄得黃不嘰嘰地大掃食慾。當然芭比的食慾從未減弱，只是我們帶了飯卻餓著肚皮看她大嚼，總不是那麼情願；況那煙幕彈的幅射範圍只在小小的廚房，威力再大也沒用，完全喪失了民族文化的攻勢，純屬浪費彈藥。所以漸漸地，我們開始不大肯再為芭比做嫁衣裳。

芭比的鬥爭熱情並不因此而減弱。沒過多久，她就又想出了新招。

一周內，她走訪了全辦公室二十多個人，確定了當月某日是全辦公室人人都到的日子，並讓每個人都保證那天不會臨時請假。

然後，她便給每個人都發了一個通知，說：在那個全體人員都到的日子裡，我們將要開一個辦公室會餐的大Party，請每個人到時都帶一到兩樣最拿手的菜來。

這樣，她自動成為這次新生運動的組織者，很勤奮地團支書一般地忙了起來：挨個去打聽、記錄各人將帶的東西；到其他辦公室聯繫當天借用微波爐事宜；落實紙盤紙巾塑料刀叉等等…… 那架式，很讓人聯想起諸如「組織能力」之類的文字，於是，很為她竟不能在中國呆上幾年而感到惋惜，不然她起碼可以混個勞動委員之類的幹幹，或者就索性混入了黨內也說不定。美國的 party 除了吃只是吃、吃完就散伙，不像國內還總要動員大家表演個節目什麼的，以致個人的藝術天才從來得不到發揮，單調之極。所以芭比若真的能去咱大陸取經，這類吃會一定會被她辦得更加興旺發達、熱火朝天。

耽心有人臨陣逃脫，芭比索性把各人說好要帶的東西，用清單一一列了出來，還按她的想象一一地介紹其美味或拿手之處，然後以通知形式廣泛發了出去，使承諾人最終無法食言。

很榮幸，我們兩位同胞此時竟成芭比專門看顧的ＶＩＰ（重要人員）。她一天內會不厭其煩連問我們十數次「究竟帶什麼菜？」。我們一遍又一遍很厭其煩地回答之後，她又每天不厭其煩地至少十數遍提醒我們「千萬不要忘記！」。有一天我終於忍不下去，反問她：「那你自己又帶什麼來？」她一時有點結巴，但終於也還能及時回答了出來：「我想……想帶……帶些炸魷魚。我當然自己不會炸，到時候…… 到時候…… 我會去店裡買了帶來。」

這一招還挺靈，從此她再沒敢追著我們盯問。

事實上倒也沒錯：人家那天確實帶了炸魷魚來，但卻只有可憐兮兮兩塊拇指大小的米黃色物，外面的麵團大於裡面的實物。另還竟有兩個炸蝦，裡外比例同炸魷魚完全一致。就這，似足以成為了 party 上 的通行證，她已是第一個抄起食品不停大嚼的人。

據我們當時的猜測，她或許真的是想買了帶到 party 上來。只是因那魷魚有著如同豬八戒分到的西瓜一樣的命運，所以未能等到見到唐僧就是了。所以，對她的奉獻，多少還算滿意。

遺憾的是，事後證明我們對俘虜的處理又一次過於寬大。

不得不說，這次 party 確實很成功，辦公室的人都很滿意。畢竟是用了一天工作時間的三分之一來吃吃玩玩，讓誰不高興也不可能。

當然，這次活動的最大收益者仍只是芭比。她不僅當時吃掉了六滿盤食品、整個下午只能挺著肚子前行，還在散會時，從所剩食品中挑出一堆她最喜歡的，裝了滿滿四大塑料袋回家；最後還不忘「物盡其用」，打電話叫來了全樓所有後勤人員，包括保安人員、電工修理工以及掃地工等等，來「收拾殘局」。難怪從此以後，她可以隨時要到小電風扇、小書架等，書桌壞了不僅可以及時領到新的，連搬來搬去都會立時來一大群人為她張羅…… 那陣子，她呼風喚雨、一呼百應，比大老闆都要有權威、更要風光得多。

並且從此，芭比可就有事做了：她絕對自願絕對慇懃地，每月為全辦公室組織一次這樣的歡樂時光。

那段日子，她像明星一般閃耀發光。

但當然，只有我和同胞知道，她自己在為人民服務的同時，食物貢獻其實越來越少。

第二次 party 上，她實際上一點食品也沒帶，只是帶了她家三歲女兒過生日時玩過的氣球，甚至兩個玩具小汽車。Party 散伙時，那玩具當然又都完璧歸芭。

第三次，她見我倆對她的抗議情緒逐漸增大，怕我倆真的不再配合做她朝思暮想的菜餚，便果然也帶了食品來：一包超市買的一磅重的生菜沙拉。到時塑料袋一剪開，洗都不用洗，往盤子裡一倒，就算作了交代。當然即使如此，她也心疼到要死，不僅當時加倍進食、公開將好的先一掃而光，事後還同我倆又記了仇，板了很久的臉，到第四次 Party，甚至「命令」我倆帶這帶那，一付要報仇雪恨之狀。

然而，到我倆這兒秋後算賬，實在又是嚴重失策。以前的教訓那麼多，她竟似乎永遠記不住！

那次，我倆事前根本不告訴她究竟帶不帶、帶什麼。她辦此類 party 的核心思想，其實一半以上是為了「引蛇出動」、要吃我倆做的東西。如今卻得了個物極必反的結果，她當然很及時地開始後悔。然而，畢竟已晚：這不僅因對她的種種做法我倆很不感冒，而且在這種 party 上我們的民族攻勢並不能真正達到效果：事先所有食品都由芭比等人先蒐集了去擺在那裡，當人們亂紛紛地你來我往去取時，除了芭比，誰做的什麼便根本沒人搞得清。所以，即使我們把滿漢全席都帶了去，也還不是和吃大鍋飯的效果一樣！

其實那次，許多人也同樣已失了興趣，同我倆一樣，只帶了點超市買的現成的簡便食品。

可憐的芭比！她後來倒一直以為我倆態度的變化，主要是出於她的得罪。她實在把她在我們心目中的形像估計得過高了。

（五）

然而，好景不長：不懂行為科學不管老百姓疾苦卻掌握生殺大權的大老闆，終於下令，連 party 這一新生事物，都給徹底禁了。

這一次，芭比的革命意志，終於被徹底摧垮了。

她後來雖又努力打起精神，說服我和同胞再帶點菜來、我們幾人自己開一個小 party，並一再保證這次她一定會帶非常非常好吃的東西、要給我倆一個 surprise 云云。但由於我和同胞對吃並無太大興趣，這樣做又毫無宣傳民族文化的意義，所以，直到最後，我們也未真與芭比合作。

對芭比來說，這是一個真正的悲劇，無疑於世界末日的到來，造成了她的徹底崩潰。

終於，芭比走了，是找了個新工作。沒有介紹新舊工作到底有何區別，她倒是強調了一點：「新的地方有微波爐！只是還不知道有沒有中國同事。」

說這話時，她滿臉都是憶甜思苦的悲哀。

這時，她的體重，比整修辦公室前至少減了她撿到的「生薑」的磅數。

她走後，辦公室一下寂靜了許多。

她走後，由於眾人的提議，辦公室重又開起了每月一次的 party，只是再也沒有真正興隆豐盛過。

她走後，我終於重又穿起了短袖衫。

老扎--「外國鬼子記」之一

小老闆是個三十來歲的女白洋鬼子。為了監視我們這部門三個僅有的外國人工作，便把我們的辦公室設在了她的對面，她則把辦公桌正對著門放，使我們的一舉一動都如無限風光般盡收她的眼底。有時我真可憐她的辛苦。

我們三個外國佬，一個是阿土，來自土耳其，白膚；一個為老扎，來自非洲扎伊爾，黑膚；我則名中中，來自咱們中國，當然是黃膚。我與阿土都剛從碩士畢業，老扎則是兩個學士學位的得主。聽說我們的小老闆，本科而已。

我們代表著什麼民族、什麼習俗、什麼「階級」，甚至將會有什麼結果，當從這麼一點點線索，革命群眾便應看出些許端倪罷。

（一）

那天，小老闆把我和老扎調去，專往大信封裡裝本部新出的雜誌與征訂單，還要一一貼上姓名地址、打郵戳，以便像廣告一般廣泛地寄發出去。

小老闆發號施令時，帶有指揮千軍萬馬的威嚴。然後她一轉身就不見了，剩下我們兩個被關在那大房間裡，勞改犯一般。

任何國度，權都至高無上。美國總統雖沒多高學位，再高的學位不也得由他管？況咱中國人也習慣於被人安排好了來做。所以，我並不覺有何不妥，默默地任勞任怨地操作著。

可老扎不同。人家黑人似乎與生俱來有一種反抗精神，或不如說一種叛逆。從一開始他便極度煩躁不安，邊把一大把信封摔得叭叭響，邊一迭聲地問：「為什麼讓我做這個？！為什麼讓我做這個？！為什麼讓我做這個？！」

我不理他。寂寞的大屋子裡沒有空調，外邊氣溫高達華氏９０多度，可他是非洲來的，所以在我連聲喊熱時，他卻說「這樣子正好」。我管不了氣溫也管不了他，唯一能控制的就只有我自己。常言道「心靜自然涼」嘛！至於他那邊傳來的噪音，權當是解悶的音樂罷！

管這份雜誌的還有另一位女白洋鬼子，五十多歲打扮得花枝招展，這時便走進來視察工作。她眼前的我正在勤奮之中，然而老扎卻把腳翹在桌子上，抄著手盯著眼前的一堆信封發獃。他的牢騷這時剛告一段落，所以我知道花朵到來的實在不是時候！

果然，他冷著臉斜著掃了那花朵一眼，還沒等人家來得及說什麼，便陰陽怪氣提高聲音拉腔拉調地質問了一句：「請問這是不是對我們的懲罰？！」

其實，花朵的腳才剛剛跨進門來半步，冷沒提防竟被將了這一軍，一時沒回過味兒來，尷尬地站在那裡，半晌說不出話來。然後，便無聲無息悄悄地走掉了。此時我才發現小老闆當初及時溜掉的原因。那傢伙，狡猾狡猾地！

老扎的抱怨終於還是被重挑了起來，又開始叫苦連天，萬分痛恨自己被大材小用，連聲大叫：「讓我們幹這個，他們卻拿 credit（成績），豈有此理！」「為什麼阿土卻被留在那裡做電腦工作？」「難道皮膚有色就得做這個？」…。然後便像動物園裡的野狼一般，拱著頭背著手在屋子裡焦慮地來來回回走了一陣；接著，突然沖過去使勁推了推旁邊一扇通向隔壁的門；誰知門一推便開了，他便很失望似地「砰」地一聲再關上，接著便撲向窗口鼻子在玻璃上壓得扁扁地可憐巴巴地向外看去。這下，他可十足一副囚犯模樣了！

我笑了起來。他終於不好意思地走回來，開始乖乖地坐在我對面，伸手去取信封，可一眨眼又開始忿忿不平起來，狠狠地說：

「他們應當讓傻子來做這種事才對！」

我接口回道：「可能人家正認為我們就是傻子！」

他大約沒想到這一層，一時竟有些震驚似地抬頭瞪大了眼望著我，噎了半晌才終於吐出幾個字：

「你…，你你有趣！」

他好像有些蔫了下來，開始勉強幹活。才兩分鐘，又長吁短嘆起來:「以後我如果有了兒子,他如果這樣問我:爸爸,你每天在做什麼?你讓我怎麼回答呢?難道告訴他我每天在貼信封嗎?」

看來真的要給他好好上上咱們中華民族式的教育課了。我便循循善誘地教導著他:

「做這事,對我們來說,是不是就和什麼也沒做一樣?」

他迅速答道:「當然!什麼也沒做!」

我又問:「那麼,你是不是還拿那麼多錢?」

「當然!為什麼會少?」他很詫異。

於是我教他:「所以你便可以這樣對你的兒子說:爸爸每天什麼也不做,可他們卻堅持一定要硬塞錢給我。這是人們的好意,我無法拒絕。——你也可以告訴每一個其他這樣問你的人,不就得了?」

他幹著眼瞪了我很久,然後突然笑了起來,沒說出什麼。看得出來,這次他挺開心。

於是我繼續過過教育癮,苦口婆心地說:

「反正這事得做完;反正你做什麼事都照拿錢;反正開心不開心都是做……那麼你為什麼不可以開開心心地做就是,卻偏要和自己過不去?」

不知這算是革命的政治思想工作,還是阿Q精神,或是屬於反革命的思想麻醉劑,反正這對他有效。他果真開始埋頭幹起活來。這傢伙,還算得上「孺子可教」。

他其實做事細心、整齊,是個能幹人,可就是不肯討好「上級」。一次老花朵又來了,這回一定是做好了充份的思想準備,所以表面上很沉穩狀。我擺出一副埋頭苦幹狀,以便頭也不抬視而不見,他可是馬上站了起來去看窗外風景,害得老花朵終於只能戰戰兢兢小心翼翼地問他:「你願意幫中中一起做嗎?」

他其實始終難以坐長,幹一會兒活就得去看窗外。有一次他突然驚叫了起來,指著樓下一個剛過去的女人讓我看,口中連說：「多漂亮的大腿呀！」我不耐煩，於是有一次也故意走到窗口，大驚小怪地把他叫過去，指著樓對面一個超級肥胖高大的極為臃腫的五六十歲的男人讓他看，口中大叫：「多漂亮的男人啊！」他找了半天才找到目標，不由得苦笑說：「這大男人倒真夠瀟灑，看來一定是懷孕了！」

他有時也想端端架子過過領導癮，有一次便神氣十足地坐在椅子上，兩手扶著椅扶手，把腳翹到桌子上，很威嚴似地對我下著命令：「你給我拿些信封過來！」我笑了，說：「現在我有四個老闆。你是我的三老闆，我是我的四老闆。」然後我拿起可樂喝了一口，接著說：「現在四老闆正在命令我…。」他馬上接了上來：「Drink！（喝飲料）」我倆一起笑了起來，從此他再也沒向四老闆發過什麼指示。

小老闆終於出現在門口。她的降臨其實就是為了來指手劃腳。「老闆」們喜歡斗斗權威，但我知道咱絕無權威可言，所以很有自知之明地拒戰，只是低頭忙碌；老扎可是一見她便把背轉過去，像沒見到她這人一樣。我以為會看到一場革命與反革命鬥爭的好戲，哪知人家到底不愧是名副其實「狡猾狡猾地」。先是對著老扎的大背乾咳了一聲；見沒反應，便又是一聲；結果還是沒反應；又不想就此罷手，又找不倒台階下，一時著實難為了十幾秒；最後，便十分尷尬也是十分出人意料地，自己對著自己突然乾巴地笑了一聲，終於開口，叫了一聲老扎的大名。

再以下的節目你如果看了，一定會把他們的主次給弄顛倒了：小老闆這次可不是對老扎發號施令，而完全是在乞求人家。第一次看到她那麼可憐巴巴甚至溫順的樣子，實在令人驚詫不已。

我想人的本性中一定有一種興災樂禍的天性，否則我不該在應對她憐憫的時候，反而那麼開心。

老扎沒有真的當成我的三老闆，但卻成了小老闆的二老闆了。於是他有點滿意了似的，再也沒有變野狼。

第二天阿土也被發配了來，負責往樓下運送已粘好的信封。這傢伙居然也委屈，笑嘻嘻地恭順地送走了小老闆，一轉眼臉就吊成了驢樣，哭喪著對我們說：

「我媽還以為我在美國真的搞什麼科研呢；親戚朋友們也以為我在這裡是個多麼重要的人物，沒准掙大錢呢！」

老扎似乎竟要做起他的思想工作了，不過終於欲言又止。至於我，則根本不想費什麼吐沫：阿Q那樣的文化，能是這個朽木一樣的阿土所能掌握的嗎！

（二）

老扎竟然讀過毛主席的書！

當他告訴我這些時，我一開始還真吃了一驚。不過很快也就想通了：毛主席是支持黑人的嘛！

於是問他讀過毛主席哪些書，他說凡是翻譯成他們文字的，他都讀過；接著他又說，其實他還讀過希特勒、拿破侖等人的：「其實他們說的許多話都是有道理的，只是在實行時走樣罷了。」

這我倒信。不然《白蠟燭》裡怎會說「經是好的，愣叫小和尚念壞了」呢？

此後他再挖掘出一些中國的「老皇曆」來，我就不再那麼大驚小怪了。

於是有那麼一天，他捧寶般地端出一本發黃的英譯的孔子書來，上面還畫了許多不同顏色的道道，儼然一副鑽研過了的樣子。我很懷疑英文這麼簡單的文字怎可能把我國「子」級們的話翻譯好。但聽他說了幾著，還倒真有那麼點儒家味，理解得竟比當年紅小兵們還上點路子，也就多少放了點心。

他便盯著我問中國的習俗：「聽說你們中國大陸結婚仍要媒婆，是嗎？」

我答：只有在一些貧窮落後地區，仍保有這樣的習俗。並告訴了他一些我曾親耳聽到的事情：許多孩子很小時，父母便托媒婆為其定親；定親後如雙方父母安排好，兩個小孩得以在一個小房間一起待一小時、以見婚前第一面也是最後一面的話，便可算是當地共認的「自由戀愛」；若干年長大後，才能完婚。

當一旁的阿土大叫不可信時，老扎反說：「這才是最美好最純潔的文化！為什麼你們只有落後地區才有？」

這倒霉的老扎！我一時只能瞠目結舌啞口無言。

接下來的老扎便像中了邪，一個勁要把我推到媒婆的地位上去，讓我務必要為他介紹一個這樣的中國鄉村對象，還說就衝著這「典雅」勁，他也要到我國農村去生活，等等。

這獃子還真有點當真了似地，甚至向我學起中文來。方法當然不是科班式，而是自創式：他用英文問我，我翻譯成中文，他便用他的文字注上音，照葫蘆畫瓢地念。第一次他發音的準確性還真讓我佩服得不行，可過了幾天便往往不知所雲。但他有幾句話因為勤練，竟能始終不走樣。我的一位「海外同胞」有次來找我，他一見人家上來就冒了句「我需要幫助」。這是他說得最像的一句話，可惜咱那同胞做夢也想不到這外國佬會吐出中文來，所以仍用英文的耳朵來聽，終於還得我「翻譯」了才能懂，搞得這獃子大為掃興。因為他的本意是希望對方問他「需要什麼幫助」時，他好馬上答「派薩」(扎伊爾語，錢的意思)。他的另一句講得最好的中國話，是「我餓了！」。不過每當他說此言時，眼睛都是專注地盯著我帶的飯的。

當似乎可以時不時同他用中文「交流」了的時候，我卻發現他那照葫蘆畫瓢的學習方法實際上是越來越有害無益。

那天我們正聊得高興，小老闆突然旋風般闖了進來，粗魯地從我們中間筆直地走過去，然後再威風凜凜地折轉身，取出幾份材料來，趾高氣昂地讓我們分頭去做：這是她慣常用來打斷我們的方式。實際上我們三人都知道自己的地位，從來不敢放肆自己，幾天也難得如此說上兩句。可即使如此她也不幹，儘管他們幾個美國佬動輒大聊特聊，有時甚至聊上個半天什麼也不做，嘻嘻哈哈之聲響徹雲霄。這傢伙，實在可同周扒皮相比！

我們卻敢怒而不敢言。誰叫這不是我們自己的國家！

老扎卻還是忍不住，當著小老闆的面用中文對著我大聲說了一句：「你是一個大壞蛋！」

這個笨蛋！這時已足以證明他記中文的方法是多麼愚蠢多麼可惡！——他本想說「她是一個大壞蛋」，結果由於不知調換主語，反倒似乎在罵我！

被他錯罵了之後，我氣憤，他後悔，於是想了個兩全其美的方法：以後不記句子中的人物主語，說的時候只要指指那個人就行了。這方法果然管用，而且站在小老闆的背後邊比劃邊說，解恨得多！想想吧：當小老闆正在衝著我和阿土飛揚跋扈吐沫星子亂飛時，她身後有一個黑顏色的人，在影子一般地同步配著雙簧，用一隻黑手自上向下惡狠狠地指戳著小老闆的後腦殼，而且在這邊訓斥聲剛落地的同時，那邊卻由影子輝煌響亮結束語般地發出一聲我們那悅耳動聽的中國國語：「這是一個大壞蛋！」——那樣的場景，該是多麼的痛快！

阿土（上）--「外國鬼子記」之二

大國總是容易被人知道，這不知是好事還是壞事。

从扎伊爾來的老扎說，他們中小學的課本裡，便專門設有介紹中國的內容；他和他的一些朋友都曾決定，假如來不了美國，下一個方向就是去中國。

我卻不敢說我知道他們國家的什麼。只記得當年似乎朱明瑛曾與他們國家有過什麼聯繫：她的幾首扎伊爾歌唱得好、與他們國家的一位女歌星極像，所以受到了他們總統的稱讚什麼的。有一次我終於回憶起了其中一首歌的曲調，便在老扎面前裝作不經意地哼了兩句，把個獃子驚訝得差點沒昏過去！事後一定要問我那朱明瑛在哪裡，說無論如何也要找個機會去見一下這位了不起的人物！不過他可一點也沒有我也了不起的意思。

至於从土耳其來的阿土，我甚至連這樣的一點知識都沒有。

於是在我們這第三世界之間發生小型世界大戰時，我往往最多只有招架之力，一點反攻倒算的資本都沒有。

那天，老扎正與阿土閑扯，兩人都在賣瓜，說著自己的國家如何如何好。阿土甚至拿來了一本土耳其地圖，物證一般地出示給老扎看。我聽得不耐煩，不由得大聲念了咱老鄉們的一句歌詞：「誰不說俺家鄉好？！」誰知這倒把他們的話鋒轉到了我的身上。老扎說：「知道嗎？最先到非洲的外國人正是你們中國人！白人是在你們來進行貿易之後才來的。而且我們扎伊爾獨立後的第一屆總統還是與你們中國人的混血兒呢！」

他既然拉親戚，咱也就不說什麼了。哪知那阿土可正相反。他嘿嘿嘿地不懷好意地笑了幾聲，然後發羊癲瘋般地歪著頭斜著眼，對著我陰森森地說道：

「你們有個了不起的長城，對吧？可你知道那是為什麼造的吧？——那是因為害怕我們土耳其人才修建的！長城的了不起，證明的是我們的了不起和你們的膽小！我們為此而驕傲！」

我無處考證，但記得那長城確是為抗拒突厥而造的的，而突厥似乎還真的是他們土耳其人。實在未料到世上有人竟會以侵略為自豪，而對咱中國人自詡的仁義百般蔑視；更不明白咱們當年為什麼只守不攻，害得如今我們這幫出國的人雖有著這麼一個大國背景，還得讓人家嘲笑！現在我多少可以理解了當年強硬派里根總統極得美國大眾擁戴的原因。

我對阿土說：

「那麼就是說，你們國家十分崇尚殺人羅！而你便正是為了你們的愛殺人而驕傲的，對吧？」

他大約終於感到自己有點太露骨，所以只是嘻嘻地笑著，沒接茬。

我又補了一句：「看來我是要請求到其它的辦公室了！我總不能和一個愛殺人並以此為驕傲的傢伙在一起工作吧！我可不想莫明其妙地死於非命什麼的！」

這「殺人犯」只是勝利地笑著，得意地走了。

雖然這次只是小規模的戰爭，我卻覺得輸得很慘、窩囊得要命；儘管似乎反駁了他，卻覺得自己的語言是那麼的可憐那麼的蒼白那麼的軟弱無力。

誰知第二天他們又在聊這種「國家大事」，兩個人都在說他們國家出產什麼什麼東西，很得意之狀。然後老扎又來問我關於中國的特產。還沒等我開口，阿土竟又插嘴說：「他們中國以前一聽說先進的東西就以為是可怕的、邪門的，聽說對電話照相機之类就怕得要死、像见鬼，根本不敢引入他們國家！所以你想想他們又會有什麼好東西？！」我赶紧声明：「那種落後起碼都是幾百年以前的事了！……」還沒說完，老扎竟亦接了上來，說：「所以你們國家需要別人用大砲打開國門才行，對吧？假如早打開一兩百年，你們要好得多了吧！」阿土亦搶了上來說：「看看你們的電影就知道了！最近不是還有一個《紅鞭砲，綠鞭砲》嗎？多窮！多可怕！」

我正試圖跳出來給他們以最有力的反擊，小老闆卻沖了進來，板著臉很威嚴地交給了我們一些「緊急任務」，命令立即完成。其實她的目的不過是要打斷我們而已。我當時那個憋氣！以前一直以為「怒髮衝冠」只是一種藝術夸大，此時卻終於明白那真的完全是一種切切實實的身心體驗。可也不得不承認，當時即使反駁他們，我也未必能一語中的。外國佬的偏見已絕非一天兩天一處兩處所形成。所料不及的是，我們的一些優秀影片由於年代背景介紹得不清楚，竟也成了一種佐證用的黑材料。

才過沒幾天，又在一份中國雜誌上看到一篇文章。作者在那裡痛罵中華民族自己，甚至稱之為「一個能吃人的民族」。咱以前頂多聽人罵過「一個吃人的社會」，包括用語最犀利的魯迅也不過如此；如今卻一下上升到如此高度來罵，不得不佩服作者勇於造反的大無畏的革命精神。此時自己正處於被鬼子包圍孤軍奮戰不知如何突圍的憋氣不已的境地，正想著怎麼能讓國人幫咱出點「神龍擺尾」之類的高招對付這般外國佬才好，卻沒料又被「自己人」給痛罵了一場。想到咱大華民族歷史上曾被人被己殺了個雞飛狗跳，如今又被別人被自己罵了個狗血淋頭，一時竟差點沒憋出個心臟病來！當時滿腹中只有一個問:「為什麼咱中國人永遠是豬八戒照鏡子——裡外不是人！」

那火在肚子裡這麼擠了幾天，民族精神便大長。偏挨上中國的遠房親戚老扎倒霉，碰到了槍口上。

那天他走過來問我：

「昨天你看了電視了嗎？」

我沒看。但室友看了，並告訴過我電視上演了中國的一件事：一個小孩生下來是痴的，所以被他的父母活活地給餓死了。「演得好慘！」室友曾形容說。

此時一見老扎哲學家般莊嚴的神態，就知道他要提的定是此事。

果然，他的開場白是這樣的：「你們中國發生的事真可怕！一個小孩……」

我立即迎頭止住：「不說也罷！要說我們自己會說！」

他馬上問：「為什麼？難道……」

我那點肚子裡的氣總算有地方出了！於是集中火力給他來了個半路攔截，讓他生生地把他的質問吞回去：

「這世界每個國家每一天都在發生著可怕的事。有些國家的人只是因為不喜歡我們國家和中國人，所以才專門說那些發生在我們國家的不好的事，來讓其他人討厭和憎惡我們。我討厭和憎惡他們這樣做！我寧願我自己說，也不喜歡那些外國人去品頭論足。」

他馬上又問：「為什麼？」

我理直氣壯地答：「因為我愛我的國家，而他們根本不同！」

他很小心地表示著贊成，很羞澀似的走了。

此事發生後不久，又在中國雜誌上看到關於美國人把罵咱們是「能吃人的民族」的人稱之為英雄的專刊，不得不想起一位朋友的話：歷史上所有的漢奸賣國賊其實都被世人罵錯了，因為他們全是這種反對自己民族的英雄好漢。

又有一天，老扎在無意中發現了阿土正要寄出的找其它工作的信，便很感興趣地看了起來，然後又像慣常一樣發起牢騷。

他說，白人總是好找工作的，他們黑人便難得多了；所以雖然他同阿土一樣不喜歡眼前的工作，可他另找便要比阿土難：「這美國實在是太糟糕了！」他恨恨地說。

阿土便打了一句官腔：「黑人的地位不是已經改善了不少了嘛！要懂得知足嘛！」

老扎的黑臉似乎竟泛起了一點紅色，聲音也有點高上去了：「黑人在美國的地位雖然有了不少改善，但離平等還早著呢！那些全是瞎話！我們黑人還得再鬥爭才行！」

這就有了點 XXX 的好學生的味道了。

阿土於是說：「在這個美國，白人恨黑人，黑人恨白人。」

老扎見阿土似乎有點迴避戰爭的味道，便想另找個對手來交戰。一回頭正好看到我，便火藥味很濃地衝我問：

「喂！你們中國怎麼說？」

我覺得他其實犯了嚴重的路線錯誤：他到應當結成統一戰線的地方尋找敵人來了。為清醒一下他的頭腦，我提示性地答：「中國人在這裡的狀況其實比你們的還糟。」

他卻似乎是個榆木疙瘩腦袋，堅持要與革命人民為敵似地進一步追問：「你們中國人恨所有人，包括黑人和白人，對不對？」

我答：「應當說，在這裡不管黑人白人，所有的人都恨中國人！這一點誰都知道。你正好說反了！」

他愣了一下，承認似地笑了。

我接著說：「希望你有一天真的能到我們國家看看，那你就會發現中國人對外國人是出奇地好。你會馬上發現我們多麼熱情好客。但你們也應當記住，假如人家對我們不好的話，我們當然也沒法對人家好。我希望你還記得你曾尊崇為『偉人』的那句話：『人不犯我，我不犯人』嘛！」

他不得不連連點著頭：「太對！太對了！」

大約不甘心就這樣吃敗仗，他又回頭去找自己的舊敵阿土：「你呢？你怎麼看？是不是也覺得不平等？」

誰都沒料到阿土會突然大笑起來，那是一種乞丐偶然撿了金元寶式的俗氣但又具有一定優越感的笑。

「我是個白人嘛！」他邊笑邊大聲說。

我指著老扎的鼻子恨恨地說：「你可真不該問錯對象！」

老扎終於覺得很尷尬，甚至帶了一點氣忿，一言不發地，走了。

自這一連串的事情發生以後，阿土大約覺得所向無敵，便很有點猖狂起來。

我和老扎又一次被派去貼信封時，他也終於沒逃掉。大約有點不服氣，他便站在走廊上大聲說：「這簡直就像在中國幹活了！什麼都是手工，沒見過電腦，而且一群一群的人，那麼落後！」

見本部門有很多人正站在附近，我未加思索便走上前去，拿出駁斥敵人的勁頭，很威嚴地對他說：「請你注意你在說些什麼！如果你再這麼說，我絕對對你不客氣！我現在要求你向我公開道歉！」

我是溫良恭儉讓慣了的，前幾次的「世界大戰」，我的表現也都不曾完全脫離中國的中庸風格，這時突然來了這麼一下，一時竟把個阿土驚了個目瞪口呆。他原以為當眾貶低中國人，便會討好眾白人以博得讚同與讚賞，誰知大家卻反而像看笑話一般盯著他笑，許多人臉上甚至露出「活該倒霉」的譏諷味來。

當然這並不證明一些人喜歡中國人，只是他們也不喜歡土耳其罷了。人家只是想看一場魚蚌相爭的好戲而已。碰到阿土這種倒霉貨，真是晦氣！想想他也真敢在美國講這種話！假如我告他個種族歧視，那他可就要吃不了兜著走了。美國的法律經過辛普森一案，已知其水份；同樣也便可知，一旦掛上了「種族歧視」的牌子，那美國的法律可就不是喝稀飯的了！

大約阿土終於發現了其中的利害關係，不得不當眾向我道了歉。

事後我仍不明白：咱在國內時從不喜歡講大道理，怎個如今竟如此寸土必爭、寸理必奪起來了？而且還大有點大義凜然的味兒！

記得這裡有人告訴過我，以前也曾有個中國大陸的在這裡工作，但她的特點是陪著外國人罵中國，而且罵得比任何人都凶。我不知道她當時是否因此而得到了人家的「好評」、從而在這外國的土地上過得舒服一些。但我實在屬於榆木腦袋不識實務那類人，一切只是跟著感覺走，擰不過自己，雖然從來沒想過要當好漢。

但阿土卻似乎記了仇。此後他的報復行為便逐漸升級。

那天我在做剪報，黑乎乎的報紙弄了一手油墨。我實在不明白為什麼美國鬼子的報紙會這麼臟。要知道在國內廢報紙幾乎萬能，包書包食品包幾乎一切小東西，擦玻璃擦鍋碗甚至擦桌椅，假如也這麼臟的話豈不麻煩了？便脫口問了出來。

一說出口便後悔了，因為旁邊坐的是阿土。

果然他冷冷地一笑，頭也不抬用很輕蔑的口吻問：

「難道你們國家也有報紙嗎？」

我本不該自投羅網，但既然人家挑上戰來了，咱也沒處可退。況這小子也實在有點不知天高地厚！

於是我也輕蔑地一笑，問他：

「當我們國家出報紙的時候，你們的國家存在嗎？當我們國家有文字的時候，你們在哪裡呢？你怎麼好意思問我們這麼一個古老文化、悠久歷史的國家這麼一個無知的問題呢？」

他的臉登時紅到了脖子根。實在沒台階下，終於只是做了個鬼臉，溜了出去。這不得不讓我想起了一些諸如「搬起石頭」或「喪家的……」或其它類似的成語。

其實我也夠冒險！因為第一不知我國何時開始發行報紙，第二不知他國何時成立。萬一人家建國其實也不算太晚，那我的口氣就有點太大了。好在似乎他也鬧不清楚，尤其講到文化上面，中國是十十足足的古老，絕絕對對可稱是他們的老祖宗，所以他的立即逃遁還是很明智的，還是識實務的。

（未完待續）

阿土（下）--「外國鬼子記」之二

這位土耳其同事阿土，雖在我們面前挺威風，轉過身在美國人面前可就難說了。

每當小老闆、小組長或其它什麼美國人來給他安排活計，他的唯唯諾諾滿面奉承之狀很令人同情，那是無法形容的可憐與溫順。然而這些人一離開，他便會立即用力地（當然並非大聲地）罵出「×」一類的話來；為了表示解恨，還常常對著人家的背影做出極下流的手勢。

由於一些美國人確實認為我們比他們低了一級（咱們權且不用「一等」這詞），所以總是會有阿貓阿狗之類過來指手劃腳差我們打雜。對於確實有忙要幫者，我是當仁不讓、熱情週到；然對那些不可理喻之輩，我便或者裝聾作啞，或者笑嘻嘻地承擔了下來但放在一邊「忘了」，如此三番兩次一週旋，人家也就自然明白，不再自討沒趣。

偏這位阿土先生聰明到了笨蛋的程度，無論什麼事，只要是有點「級別」的美國人來找，他都顯出十分幸福的神態搶著去做。一次小組長過來讓我給他複印三頁紙，而我看他這半天一直在那閑聊，便知道人家只是想過過皇上癮而已，所以口中雖答應著，倆眼卻只盯著電腦擺出一付日理萬機無暇東顧之狀。一旁一直尋機拍小組長馬屁的阿土，這會兒便終於跳了出來，迫不及待地對小組長說：「我去做，怎麼樣？」我打學生工時曾專門搞過複印，對那類複印機的性能瞭如指掌，所以多數人喜歡我去做，小組長自然也不例外。但此時見我不動聲色，便有點尷尬，靈機一動似地把那幾頁紙高高舉過頭頂，大叫著：「你倆誰先搶到誰是ｔｈｅ　ｂｅｓｔ（最好的）！」阿土果然像小狗搶食一般跳起來搶過了紙。直到他離開，我才把身子慢慢地轉過來，對小組長做了個鬼臉，笑說：「對不起！看來我不是ｔｈｅ　ｂｅｓｔ。」

阿土很得意地回來了，對著我嘿嘿嘿地笑。我不由得想起《野麥嶺》裡被老闆強姦了還得意地說「我贏了！」的那個可憐的女孩子。

阿土以為這次終於露了臉搶了我個先手，便如此這般又連著讓這種事發生了幾次。誰知此後他可慘了！不僅小組長、小老闆，後來甚至大小秘書們，都慢慢學會了一點小事也來差他做，什麼搬個椅子扛個紙盒甚至買個午飯等。這常令他恨得咬牙切齒、背後臟話連天，連那臟動作也日益激烈起來。有一次我實在忍不住，轉頭對著電腦偷笑，卻被他發現了。但他知道這是他自己處心積慮搶到手的，怪不得別人，所以無法發作，只好打腫臉充胖子地說：「我喜歡這樣換換口味做事嘛！」那次我終於笑岔了氣。

我們雖然以前當學生時在這裡打過工，但現在既然已屬正式職員，便理應有一切合理待遇。所以上班第一天我就主動要求應屬於我的東西，包括工作證、安裝電話及留言機等等。這大約也算得上中美兩國的區別之一。因為在國內，只要你一上班，就會有專人來安排這一切；而在這裡，一切卻須你自己去要求。可這樣一來，在美國人面前大氣不敢出的阿土便又慘了！他從來不敢提任何正當要求，所以一直沒去領取工作證。而按規定，非正式成員即無工作證者，便須像學生一樣每半年花十五美刀才能更新電話號碼，這自然令他心疼並恨到咬牙。更麻煩的是，這種身份的人員可使用電話卻不可使用留言機，而沒留言機，便不得不常守在電話機旁等電話。這麼個連鎖反應下來，自然讓他加倍上火，並導致他時不時把我叫去當他接聽電話的秘書、尤其充當他的答錄機。這麼一來，當然會時時上演出我倆更多的好戲來。此且按下不表。

他的電腦知識不夠，所以在工作中常出錯、或造成電腦死機，又不敢請教小組長或小老闆，便往往束手無策。一個奴性十足的人往往同時具有格外強烈的老闆欲乃至皇上欲，所以也就格外喜歡欺軟怕硬。由於他一直認為中國人好欺，便自然將我也計入可欺之列，所以每逢此時，他必會想起我老人家。起初我把他單純當成「工友」看待，幫了不少忙；漸漸看清了其「廬山真面目」，便決心要適當地掂量掂量了。

我們的文件常是一人在電腦上做好、另一人復查。一次他在復查我做的文件時，突然大聲地十分嚴厲地向我吆喝道：「你過來！我昨天不在這裡，你看看你都做了些什麼！」

乖乖！小老闆面前的孫子，跑我這兒抖威風當爺爺來了！

我不動聲色走過去看了一下，不由好笑：這軟件有個功能，可使日期一直顯現在格式中，他竟把這當成是出錯！知他虛張聲勢只為連鎖帶詐，以騙我告訴他糾正的方法罷了。這等鵰蟲小技他已不是第一次使用，可憐的傢伙！

我於是笑嘻嘻輕描淡寫地答：「你的任務既然是復查，就應當負有糾正一切毛病的責任！不然要你復查作什麼？」轉身便走。

這可把他噎了個不輕！不得已又把那扎伊爾同事老扎給叫了過來。可惜老扎也是個軟件盲，倆人埋頭查了半天「幫助」也不得要領。萬般無奈，他終於壯起了十二分膽子去把小老闆請了來，還遠遠聽他在對小老闆打小報告，說是我又把文件弄壞了，云云，真正令人哭笑不得！小老闆查後三下五除二止住了那功能，便忍不住責備他的無知。我見他那恭順之極小心翼翼聽訓的臉，更加忍俊不住，覺得魯迅把那阿Q與奴才實在是寫絕了！

還有一次，他又把自己的電腦搗鼓成了死機，再不敢去叫小組長來處理，便趁我離開幾分鐘，過來使用我的電腦。我回來後，他不僅像主子一般當仁不讓端坐不動，而且還瞪圓了雙眼很氣壯很不容置疑地對我說：「我的電腦不能用了，我要用這臺電腦，OK？！」

我問：「你要用多久？」

他答：「五分鐘！」

我不知就裡，但既然時間不長也就罷了。所以邊在一旁找個椅子坐下，邊說：「那你就快點做吧！」

誰知他竟突然火了，手停下來，側頭質問我：

「你催什麼催？催什麼催？！怎麼了？不能用嗎？告訴你：這不是你的電腦，這是這個辦公室的，你懂嗎你？」

這就有些豈有此理了。我盯住他，答：「我從來沒說這是我的電腦。但我正用它工作，這你懂嗎？我只是希望你少說廢話，快點做完，不要影響我才好，這你懂嗎？！」

他竟暴跳如雷起來，猛站起身順手抄起桌上一大疊紙，雙手高高舉起再猛地摔到桌子上。巨響把他自己倒先嚇了一跳，趕忙四周看看，見人們都已出去尋食、辦公室空蕩蕩基本無人，方松了口氣，一轉臉又擺出了吹鬍子瞪眼凶巴巴的德行，可又似乎不知再該怎麼罵，於是索性衝著我壓著嗓子叫：「住口！你給我住口！……」一怒之下膽子倒似又壯了起來，終於一轉身，又衝出去找小組長來處理了。

我樂得他離開，高高興興地哼著歌坐回了原處：咱反正沒錯也沒氣，心安理得嘛！後來還能像看戲一樣看著膽顫心驚小心陪笑的他判若兩人地同了小組長進來，且聽到小組長又在氣憤地問他：「這麼簡單的東西你還總弄亂！……」

這傢伙很快再次尋機報復。

靠我的這面牆上有個公用的大型掛曆。一天趁小老闆們都去吃午飯，他走了過來俯在上面注了點什麼字，半個身子竟有意地擋在了我與電腦之間。初時沒注意他有搗亂之意，我像往常一樣沒當回事地善意地問了一句：「喂！你在幹什麼呢？……」

我的話音未落，他便突然回過頭來，滿臉是早已準備好了的兇狠模樣，咬牙切齒地問：「怎麼？你敢管我嗎？這關你什麼事了嗎？這又不是你的日曆，誰告訴你我不能看了？住你的嘴！」

我一時有點意外，反問：「你怎麼那麼粗魯？誰告訴你我不能問了？你影響了我工作，知不知道！」

他竟又暴跳如雷起來，「嘩」地一把扯下了掛曆，氣勢洶洶地叫道：「住口！我就是那麼粗魯，你怎麼著吧！你給我住口，聽到沒有？住口！」然後衝回他自己的辦公桌，踩著桌子把掛曆掛到了他那面牆上，並回過頭來帶著譏諷的笑，滿面猙獰惡狠狠地問：「怎麼樣？這下你滿意了吧！」

這就太過份太豈有此理了！看來一個戰壕裡的戰友真是做不成了，我真得認認真真地對付他一次了！

可我的英語同他一樣只是半瓶水，一時竟滿肚子找不出一個合適、解恨、一語中的的英語單詞來訓他，感覺上似乎這類豐富生動的詞彙在這種語言裡壓根就不存在！

腦子裡轉了幾百個軸，能想起來的似乎仍只是一個「粗魯」。我無意中把此詞翻來復去地念了不少遍。他聽了這種文縐縐的譴責不僅不痛不癢，反而還得意了：「我告訴過你我就是粗魯，你能把我怎麼樣！」

我脫口而出：「你這個流氓！無賴！」

——無意中，說的是中文！

你一定難以想像，當你用自己的母語痛斥鳩山時，是多麼自如多麼痛快多麼淋漓盡致多麼地多麼！！

痛快之下，「罵人」之語便潮水般涌出。可我在國內便不會罵人，所以此時其實也想不起更多罵人的詞。太粗俗太下流的下了半天決心也還是罵不出口。所有能說的，便只有諸如「混蛋」呀，「有眼不識泰山」呀，「沒教養」啦之類。於是這水才流了兩分鐘，連自己都覺得膩了、乾了。

初時他還頂了兩句嘴，大約因為實在聽不懂而不得要領、無法還擊，所以終於啞了場。

不過我剛停下來一句話的功夫，正在編下文，他倒又得意了，問了句：「好了吧？夠了吧？　」

我立即回了句：「怎麼可能？同你這樣的傢伙在一起，真是倒了八輩子邪霉，怎麼可能夠了？！」——最後這兩句，當然又是用咱自己的語言完成的。

接下來，我便開始語重心長地教訓起他來，且突然之間有了靈感也有了潮水般的詞源：我把小時候淘氣時我媽訓我的話幾乎全都想了起來。我媽訓我時講的全是中文，所以我訓他時當然也不好違例。

滔滔不絕地我講了足足半個鐘點，偶爾也插個把英文單詞，諸如「愚蠢」、「瘋狂」之類。

這一次，他可只有目瞪口呆盯著我的嘴的份兒了，臉變得越來越紅。他的英文也有限得很，恐怕也是想說而說不出來。

但終於，他的臉上露出了一絲得意的狡猾之色來，並突然開始說起土耳其語。

咱可不打算給他空隙還擊！我只是越講越快，聲音也一點點地加高，但當然絕不能高到讓已經午餐歸來的對面的小老闆聽到的程度。

我知道，只要不讓他的話蓋住我的話，即咱一句都聽不到他的，他就沒轍！我用飛快的語速給自己佈置了一道天羅地網，就像孫悟空用金箍棒劃出的那個無形地圈一樣，把他那不敢放開的嗓子給徹底地擋在了外面。此時著實感謝國語的靈動利落：那土耳其語嘟嘟嚕嚕地發音很遲緩，就像相撲對李連杰的功夫一般，絕對不可同日而語。哈哈！

他被我猛烈的火力打得不知所措，沒說幾句土耳其語便已敗下陣來。然而他卻全然不知我此時已完全是在胡說八道，與此事其實已毫無關聯，連自己也不知說了些什麼，甚至可能把小學學過的課本都背了出來：總之目的只在於不停口地「k e e p　g o i n g（不停進行）」，也就夠了。人家反正聽不懂，說什麼不是說？

見他終於喪失了招架之力，為「痛打落水狗」，我又持續了幾分鐘火力，直到講咱中文講到酣暢淋漓了，方纔罷手。

那阿土雖然沒找塊白布來搖，但默不作聲了很久，似乎有了投誠之意。

然而好戲還沒全完。

也不知為什麼，他直到我停火兩三分鐘後，才悄悄走了出去。過了幾分鐘又走了回來，開始翻抽屜、翻書包，把書在桌子上摔得啪啪響，最後從口袋裡掏出了點錢，出去買了罐飲料仰天往口裡倒著回了來……

我卻早已開心了起來，便自己哼歌。

他竟很快跟著我哼了起來，並且我快他也快，我高他也高，攪得我心煩。

而且，他突然又說了幾句土耳其語。

我回了一句：「神經病！」

他於是說：「Ｓｈｕｔ　ｕｐ（住嘴）！　Ｓｈｕｔ　ｕｐ！我們從現在起和好，不准再吵了！」

我馬上回了一句：「Ｓｈｕｔ　ｕｐ！　Ｓｈｕｔ　ｕｐ！」

他竟亦回道：「Ｓｈｕｔ　ｕｐ！　Ｓｈｕｔ　ｕｐ！　Ｓｈｕｔ　ｕｐ！」

這下可把我的精神頭重又挑了起來！咱從小曾跟咱二哥專門練過嘴皮子，又有多年專門同嘴皮子打交道的經歷，這笨傢伙如今怎可孔子面前賣子曰！

我這一開口，可就半天停不下來了：「Ｓｈｕｔｕｐ　ｓｈｕｔｕｐ　ｓｈｕｔｕｐ　ｓｈｕｔｕｐ　ｓｈｕｔｕｐ　ｓｈｕｔｕｐ……」

他這時又只有聽的份了。

不知怎麼搞的，我倆一起笑了。

後來我曾又離開過幾分鐘。回來時發現，那掛曆被端端正正地掛回了原處。

病拳（一）

上週五，大老闆便講好最近要聽我個別彙報一次。這彙報對我，可能是決定「前途」的一次重要機會。

可自本週一，我卻突因重感冒病得死去活來。

這病，來得可真不是時候！

今天是週四，總算覺得好過點，起碼可以從床上爬起來弄點早飯吃。

所以，早飯一吃過，我就臨時決定：今天去上班！

好在是一人吃飽、全家不餓的快樂漢，用不著向誰請示、等誰批示，把碗一扔，就算是首長圈閱了。

昨天下午曾接到一個電話。

「三三！」那是辦公室秘書的聲音。像別的美國人一樣，她從來咬不清我的名字。這麼叫，聽起來似乎挺親切，但如以為人家因此就對我真的親切了，夢！

「三三！」她的進一步呼叫終於令我從暇想中驚醒：「明天上午十點有個會，老闆問你能不能來參加？」

「是大老闆問嗎？」

「是！」

「他也參加會？」

「是！」

「明天回答你！」那部電影的名字看來還真有點至理名言的味道。

於是，上班的事今天早上一經圈閱，便立即去電告訴了那女秘書。

彙報的材料其實還沒準備好，所以我的小九九，是趁今天開會，想法讓大老闆知我大病一場、從而同意將彙報延期才好。老闆畢竟是老闆，說不怕他，是假的。在公有制下，縣官不如現管；而在這私有制，縣官可就乾脆管不了老闆這類現管了。只要不是到了要命的程度，是黑是白，還得老闆說了算，所以乖順周全點為佳。

原以為幾天燒發下來，自己一定容貌憔悴。可對鏡一照：本已是蔥油餅的臉，現在竟變成了又白又胖的發麵饅頭；雙頰平時慘淡無光，此時卻有一縷不濃不淡、不深不淺、不大不小的紅暈，很羞澀地張貼在了最合適的地方；從來都黯然失色的小眼睛，由於流涕的緣故，現在也成了水汪汪亮閃閃的一對東西。尤可恨的，是已啞了兩天的嗓子，到現在也似乎奇跡般地幾乎全好了。所以，要靠一臉病態一副病嗓來說服老闆，肯定沒戲。

沒法子。只好在路上再想辦法。

天不助我！那老天也不知受了誰的氣，眼淚就像漏了似的，一個勁地滿天世界地滴瀝著。上帝怎麼教導來著？「不可含怒到黃昏。」這老天可好，從昨天中午含怒，直怒到昨天夜裡，早超過了黃昏的限定；今天早上便又這樣轉怒為悲起來，沒頭沒腦地窮哭，真真是不明事理！

我嘟嘟囔囔抱頭遮腦鑽進了車中。

進了車，方覺得渾身全然不是那麼回事：手是軟的，腳是麻的，腰是痛的；耳是聾的，眼是糊的，頭是昏的。可打退堂鼓顯然已遲，只好一咬牙一瞪眼，硬把前窗後窗霧氣騰騰的車，一腳給踹了出去。

刮雨器今天整個兒不頂用。當然倆眼因病給燒模糊了也是一個原因。不得不加倍睜大雙眼，儘管明知這只是無用之功。

家離辦公室不遠，十幾分鐘路而已。

上了正路，再左拐一次、右拐兩次，便進入了一條很不輝煌的小路。正要減速，一旁小巷卻突然衝出一輛車來，直直地就要往我車身撞。眼見已撞到地方，才在其輪胎「吱」的一聲極淒厲的尖叫中，猛然煞住了車，可同時也還不服氣似地「哇」地一聲，使勁朝我響了一下車笛。

這就豈有此理了！

若在平時，我真的要先吃驚後生氣最後息事寧人地走了算了。可這次，也許是發燒發糊塗了、或是躺多了造成的神經感受性降低，整個人麻木得緊，沒驚也沒氣，反而覺得這麼一連串的刺激，人倒一下精神了好多、也興奮了好多，惡作劇之心立時大起，便也作勢狠狠地、長長地、氣壯山河痛快淋漓地，按響了那自從此車買來幾乎還沒試過的大喇叭，以示極為強烈的抗議。

突然爆發出的那極其雄壯的長鳴警鐘，把我自己都嚇了一大跳。

那橫車也吃了一驚似地一哆嗦，猛地向後退了一下，我方發現那是輛鼻子很長的深藍色車，那車鼻子上還有著兩個鉤子似的東西。

趁了帶著酒味的興奮，我索性搖下窗來，暈暈乎乎地瞪著對方模模糊糊的車和模模糊糊的人，得理不讓人地大聲訓斥了幾句。

對方好像先愣了一下，然後，竟乖乖地聽了我的訓話，甚至向後又退讓了幾寸，再也沒有發出噪音。那老實安靜的狀態似乎在說：「老佛爺，請！」

我便理所當然地受了請。

嗓子不合時宜地又痛了起來。我試著發了發聲，竟只痛不啞、從而仍不能當生病見證。真是胳膊肘向外拐、盡做些親者痛仇者快的事！然而無奈，這嗓子仍是自己的部下，自己不照料別人便更不會管。所以，路過離辦公室不遠的一個小賣部，仍只好彎了進去，試圖搜羅些可以含化的糖塊，用以收買嗓子。

費了似有十年之久的時間去挑剔，琳琅滿目的食品，卻仍只有那個叫「Lifesavers（救生圈）」的卷糖勉強中選。美國無論什麼東西都含有強刺激性的喻意，連糖果糕點都甜得要命、膩得要死，即使舌苔上的味覺還正常，吃三天這種東西也就玩完了。說起來美國總自稱世界老大，硬不肯虛心向人家學習，像這樣下去，怎麼了得？！不管你是不是把一些東方理論作科學，那「萬事不能絕對」的句子總還有點在理的吧？人的一毫一蕾每時每刻都靠這麼強刺激著來支撐，便如針灸常年只深扎一個穴，你看看強刺激三年以後還靈不靈光？

一邊這樣想著，一邊試圖盡快剝下一片 Lifesavers 好往嘴裡塞。卻發現由於庫存過久，包裝紙與糖、糖片與糖片已很認真地連在了一起，大有眾志成城集體向我對抗之意念。不過糖終究硬不過牙，尤其犬牙。我終於撕下了一片，狠狠地拋到嘴裡，讓其盡忠盡孝去伺候嗓子。

在將其吞沒的一瞬那，竟同時領悟到了一個顛撲不破的真理：把它叫作「Lifesavers」，不僅因它長得像個救生圈，更因為它的中間有一個洞！

「這洞，意義可太大了！」我不由感慨萬分！

所謂虛虛實實，所謂有取有舍，所謂逃生求生，所謂有緣無緣……不全在這個小小的空心洞上嘛！

過日子，不也是同理？何必倆眼總瞪著麻煩事，一心一意要解決之，以為這便是人生進步的全部意義。看到心裡喜歡的事物，就把它載到那皭狀的邊緣的圈圈上，與生命共享之；不喜歡的，讓它從中間那無底洞中漏下去，從此別過，不就行了？

沒那洞，可以是 life，卻不能 save；也可以是 saver，卻不是 life。所以，總得兩者兼著才是……

雨不知何時已經停了。我固作沉思狀，鑽進了車中。今天雖渾身零件皆不靈光，腦子卻似油光水滑、運轉自如，不由產生了幾分滿意與自得，腳遂向油門踩去。

什麼人突然在一旁大聲說話，令我在千鈞一髮之中，不由自主猛地收住了剛要踹出的車子。

原來，是停在旁邊的那輛車點不著火，長相東方人的車主正在向剛剛停入的他的鄰車求助打火。

他的鄰車的車主，是個金發圈著禿頂的高個子美國白老頭。我因眼睛模糊，再加上隔著車子，便看不清他的下半臉，只覺得什麼地方尤其他的發圈有點眼熟。不過再看看伸出來的他的車前部，便以為自己已深知眼熟的原因了：那是輛深藍色的長鼻子車，長鼻子上有兩個鉤子狀的東西。

那白老頭並未先理東方車主，而是到車的另一門牽出一個白老太。倒是那個老太向東方車主發了話：

「我們有事，沒有時間。請你叫別人幫忙好嗎？」

沒時間？沒時間彎彎繞到小賣部來幹嘛？

我索性爬出車子，對東方車主大聲說：「我也有事！不過點個火的幾分鐘還是有的！我來幫你好嗎？」奇怪的是，在這本應顯示自己英雄氣概的關鍵時刻，我的嗓子倒又啞了起來，聲音完全不像平時那麼洪亮高亢。

但仍分明感到，側後那白老頭很驚愕似地停頓了一下，狠狠地看了我一眼。我沒功夫理他，自管自打開了車蓋。

事情並非想像的那麼容易。這麼一點小事，卻因我頭昏眼花、尤其是兩耳「嗡嗡」不已，實在難以集中注意力；加上手軟腰痛，同那車主配合得很不好。花了十幾分鐘，才好不容易給人家打著火，可我的火卻反倒打不著了。一起又琢磨了好幾分鐘，直到兩位老人家從商店出來怕見人似地迅速鑽入車子，我倆才查出是電池的電線沒接好。

東方車主對我感激不盡，我對我自己也感激不盡。「活雷鋒啊，這才像個活雷鋒！」我連連誇獎著自己。

正要啟動車子，卻又一次被那鄰車東方車主的呼叫聲驚住。

我搖下了窗，問：「又什麼事？」

他正在很生氣地對著已調轉車頭、正欲呼嘯離去的白老頭的車狠命擺手。

我有點不忍。

「算了吧！他沒幫就沒幫吧，犯不著再生他們的氣！」我勸。

他回過頭來，帶著氣說：「他們向後撤的時候，車子撞了我的車，可他們連理都不理，自管自開走！」

這下問題就嚴重了！我忍著腰痛跳下車，經灌木走近道衝出去幫他堵住那輛藍車，朝裡面的人喊：「喂！你們的車撞了人家，別想溜！」

那車裡似乎有點騷動不安起來，將車慢慢停向了一旁。奇怪的是老頭沒下車，只有老太出來慢慢向東方車主靠攏。初時她很有點惶惶然的樣子；但遠遠做了觀察後，大約覺得後者的車並沒被撞爛什麼，所以越靠近越有些神氣起來，到了眼前簡直就是一付全力以赴的氣忿之狀。

「讓我們看看撞壞了哪裡吧！」她的口氣沉穩有力，滿含威脅的力度，同說「你們撞壞了我的車、要賠！」的大義凜然是一樣的。東方車主指了一下車後的兩個明顯車印。她卻用手去擦其一旁的一點污泥，並說：「這是車子很臟造成的！」

人老奸、馬老滑，果然不假！這個老狐狸！帶著渾身酸痛，我權當活動筋骨走了過去，重新指了指那個雖然並非嚴重但非常明顯的車印，問: 「那你說說看，這又是什麼？」

老太的口氣卻更加強硬起來：「你們確實認為，這嚴重到了要報告的程度嗎？」

東方車主見勢，反倒像是輸了理，囁嚅著說不出話來。老太更加理直氣壯，反過來追問我：「那麼你呢？你看到我們撞他了嗎？」那聲音氣勢就像在喊捉贓。

我反問她：「你這麼問是什麼意思？想索性否認沒撞到？難道你們撞到別人的車竟一點都沒感覺，一定要別人看到才承認嗎？」

老太一愣，頓了一下之後，說：「我們是感到碰了什麼東西，可是，可是……」她的口氣又重新強硬了起來：「可是並沒有什麼嚴重問題，不是嗎？」

我的耳朵在拉汽笛，我的嗓子也啞得更明顯，可我的精神頭此時卻忒好，兩頰的發燒程度更使我醺醺然地興奮著。

「這傢伙今天碰到我這對手了！」想著，同時也開了口：

「事故是不嚴重，但你起碼應當說一句對不起，對不對？」

老太似乎不服氣，還想嘴硬，便重複嘟囔著「事故並不嚴重」，並似乎總在試圖找出些別的理由來搪塞來解脫。此時我的耳膜已像被堵了半截、一切外部聲源都在這裡發生著「嗡嗡」的共振，尤其又能聽到在國內上學時才能聽到的那種下課鈴聲，實在已集中不了精力去聽她那嘮嘮叨叨的外國話；況胸也發起悶來、有想要咳嗽的感覺。所以不得不叮囑自己：必須要速戰速決！

於是，我開始採取攻勢，嘶啞著嗓子對她進行了一連串的追擊：

「事故如果真的嚴重的話，難道就會只讓你說句對不起就放了你嗎？不嚴重的話，就連對不起你都不用說了？最奇怪最難以理解的是，明明是你們撞了人家，反到好像你們有理，反到好像你比人家受害人還要生氣！請問這是那家的公理？！你現在只有檢討的份兒，又哪兒輪到可以讓你評價撞得嚴重與否的事兒了？那麼大的年紀，一點不懂自重！像這樣的禮貌問題，本應你們老人來教我們才是，如今反到要我們來給你們上課，你覺得這合理嗎？……」

東方車主看來是個老實人，及時拽了一下正吐沫星子橫飛的我的衣袖。我平時也是個多一事不如少一事的逃事之人，今天卻本想趁著生病，在四肢軟弱五官殘缺從而頭腦尤其清醒興奮之際，要徹頭徹尾說個痛快。但見人家勸架，想想自己又不是戲中主角，所以，意猶未盡地又張了兩下嘴，也就算勉強收了口。

老太竟似乎第一次見到這陣仗，一時目瞪口呆。但總算還識實務，我才停嘴，她已連連地道開了歉：「是！我應當說對不起！我只是一開始以為他（指了一下東方車主）要詐我們錢，所以才那樣說！對不起！我確實應當說對不起！」

我一下又得了理：「你的態度惡劣的話，人家就是原來不想，也要考慮考慮是否要詐你們了！不然誰忍得了你們這種霸道氣！況且也應當知道，這個世界上還是好人多，不要動不動就先把別人想得很壞，以為誰都認為你們有錢要詐你們。這就叫作誹謗罪，去法院告你們都不過份！」

一直未出聲的藍車裡的老頭，這時突然按了一下喇叭，把我們三人都嚇了一跳。我便進一步得理不讓人地說：「你看，你們這種隨時亂按喇叭的習慣，也是不尊重人的霸氣！」

老太忙說：「我先生是在叫我回去呢！」然後，她邊連連道歉，邊說著再見，邊很快地退回到了他們的車上。

我過足了教訓人的癮，帶著拯救了人類的幸福感，終於同對我五體投地的東方車主分了手，一腳高一腳底頭昏腦脹兩耳轟鳴地，回到了自己的車上。

只須再拐過一個簡單的彎，就是我們的辦公樓。我看了看手錶：九點五十七分整。

我滿懷勝利喜悅地下了車。

「今天才剛開始，就滿是俠士般的成功。今天不錯！」我想。

「三三！」又是美國人那不清不楚的叫法。不過這次，是個男的。

我回過頭。首先看到的，是那熟悉的深藍色、那熟悉的長鼻子，和那熟悉的長鼻子上的兩個彎彎的鬼裡鬼氣的小鉤子。「奇怪！這車難道在釘我的梢？」我滿腹狐疑。

藍車兩邊車門同時打開，分別走出了金發的老頭和老太。老太滿面意味深長的微笑。

老頭繞過車子過去拉住了老太的手，二人一起向我走來。邊走，老頭邊介紹說：「三三，這是我太太！」口中也有一種意味深長的味道，並擺出了一付居高臨下的樣子看著我。

我老眼昏花難以置信地看著他們。

「難怪這老頭這麼眼熟。」我有點狼狽的感覺。

然後，向口中又扔了一粒 lifesavers，並再向那老頭看去。

「難怪這老頭老太這麼張狂！」我的激動興奮的大腦在想，並用力嚼碎了糖粒。

「難怪他們這麼可惡！」我逐漸感到義憤填膺，一直在發熱的臉，這會兒感覺更燙。

我頭昏。頭昏就無須多羅嗦。於是，便對著老頭那半禿的金頂，只是很朦朧很自信很認真地微笑，也是意味深長的那種。

老太在寒喧。我聽不清，所以，未答。

老頭在笑，盯著我的眼睛有點生出尷尬。我看不明，所以，不理。

只覺得天，似乎已完全晴了。

老頭快步走了過去，躬身開了辦公室的門，並擺出了一種姿勢，同時向著他的太太和我。老太進去了，我當然也不會落後。他很認真地看著我大搖大擺進入，儘管我的搖擺只是由於頭昏而已。由於腰酸腿也軟，走路顯得格外昂首闊步。

在邁進門的一剎那，想起了成龍在影片《醉拳》中連喝了兩桶工業酒精之後，暈暈乎乎時所說的那句話，於是，不知不覺脫口而出：

「剛剛好！」

老頭忙問了一句：「你說什麼？」

我便又重複了一句：「剛剛好！」

當然，用的是中文。

後來，我對大老闆的那個彙報，被無限延期。

不過，我其實壓根沒再準備。

因為……

因為，不用說你也一定已經猜到… …

因為那老頭嘛，當然嘍，就是大老闆。

記得成龍《醉拳》一片中還有真言：打醉拳，一定要真喝酒，且一定要喝到剛剛好的程度：既不太多以致大醉而誤事，又不太少而不能充份發揮膽量與潛能；而且對方打上來，自己身上還不會覺得很痛。這樣，才能以小勝大、以弱勝強。

打病拳，又何嘗不是如此？

病拳（二）

日間有煩惱，晚上便讀書，以便充份活學活用阿Q精神。當然讀的便都是那些精神鴉片類，諸如別人打了左臉便把右臉也送過去等等。那玩意兒止痛，越利越特靈。

沒辦法。這藥，爹娘給的、傳統精神。

據說小乘佛教最練韌勁，不過大乘佛教最能為人民服務。能不能真的解脫生死輪迴，其實倒在其次。如按小乘佛教試著禪那一番，什麼九次第定之類，倒真可多少看淡塵世，使精神上達到某種寂靜清虛的層次。一但進入此種感覺，對週圍一撥在紅塵中翻滾、從而或無盡痛苦或樂從中來的人類同胞，便總有一種深深的可憐與同情。那是一種居高臨下的心境、旁觀者的姿態。當然便有人由此而批判小乘佛學，認為其不過是厭惡且逃離世間、自求適意的自私隱士的東西云云。其實這樣修養自身又有什麼不好？不過有反面意見也沒辦法，大批判、求全責備乃人類一大通病，亦不應求全責備就是。

當然這先求自利的小乘法術，如能加上與自利、利他並進的大乘佛教，那功夫便可真的達到武林至尊：亦即先借小乘那玩意兒給人帶來居高臨下的涵養與清高，再按大乘而重新下海回歸紅塵，那就可以既利己、又利人了。雖因動機與結果往往難合，所以即使能否真為民謀福不敢講，起碼仍可既使人清高、又增加人的老到與城府；而這種清高加城府，便會像寶釵或香香公主身上那香味兒，不僅有一種與生俱來的神通，且有不怒自威的神效。此時便會到處受人景仰受人尊敬、有人叫好有人拍掌。在此基礎上，才能煉成能上能下、能官能民的政治家，三起三落被人打倒被人歡呼均不悲不喜、具有不僅不形於外甚至不動於衷的高深功夫，從而為民寫下光輝的歷史。

……

昨晚劇烈頭痛，一夜便如此這般研究出了以上的體會。精神變物質：早上起來，頭果然不再痛，而且渾身便竟有了一種仙風道骨輕輕鬆飄飄然大麻以後的感覺。物質又變回精神：由於有了居高臨下的心態，自然便敢於直面人生，那些辦公室中的民間紛擾也不再能胡攪這從了仙的大腦。那滋味兒，自然佳而又佳。阿 Q 當年手上滑膩膩的時候，也不過如此。

於是，溫良恭儉讓地起床梳洗熱早飯，心裡只有一句粵語：搞點！

不料，臨時抱佛腳之下，功力畢竟不到家，高興得未免太早！

左下大牙早已有了一個大洞。一開飯，才第一口，那劇痛便突然排山倒海般地湧來。最可氣的，是那好不容易止住的頭痛，也帶攜著又回了來。沒法子，立時便又重嘗到了凡人的滋味。

一晚的功夫，白練！

不知誰那麼缺德，愣告訴老百姓什麼「牙痛不是病」，儘管「痛起來可不要命」。牙上有了大窟窿才會痛，大窟窿不叫病又叫個什麼？

著實「痛起來不要命」！現在方明白當時室友為什麼定要用頭撞牆、甚至要用鉗子自己拔去那顆大牙。他本來見血就暈，可不要命的痛和交不起的醫療費，卻借給了他兩個膽子！

牙畢竟和頭是親戚，要痛起來，倆一塊兒進行，團結得很！於是你自己便是它們共同的敵人，且連躲都沒地方躲。

唉，凡人畢竟是凡人！

這痛勁兒一上來，便真的不想出門、不想去上班！

可畢竟並無其它收入來源。如不去上班不去掙錢，便意味著沒東西吃沒地方睡。畢竟仍是凡身肉體，這便等同於絕食自戕，對此，上帝是不允許地；況畢竟受教育那麼多年，自絕於人民的事，當然也是不應當做地。

也曾考慮到是不是要採取完全脫離紅塵這一方案，以求得徹頭徹尾的解脫。然而這便意味著擺脫凡身肉體，也便意同於一個「死」字。對此，上帝與人民當然更是不允許地！況如此一來，便要進入對「輪迴」理論的實踐，而事實已證明了自己的功力遠不到家，連止痛的本領都沒有，又怎能奢談輪迴！萬一進不了輪迴、卻去了枉死城，豈不冤枉！即使進了輪迴，萬一錯投胎到別的什麼動物種類，那豈不更冤！退一萬步說，就算終於跟著正確的中央進入了正確的輪迴軌道而正確地重新做人，那可還不仍是再回到這凡身肉體中來嘛！而這「下一輩子」，誰就能真的保證會比自己現在更好？牙上的洞說不定比現在還大還痛，那不是白死白輪迴了嘛！

想來想去，結論仍只有一個：帶著病，也得上班去掙錢！

唉！紅塵滾滾，仍得滾一滾這紅塵。天下之大，並沒有太多的公平。

事兒要不順，便喝涼水都塞牙。

進了辦公室，發現上週讓秘書訂購的特殊標籤還沒到貨。沒那東西不行，手中的又眼看不能頂到明天，便只好去催她。

那是個新來的美麗的白膚碧眼金發女郎。她大模大樣半躺式地坐在轉椅上，邊來回扭動著身子享受著椅子的轉動，邊目不斜視地看著我的旁邊不知什麼地方，心不在焉地問我：「你是什麼時候讓我們預定的來著？」

「上週二。」一開口就有涼風過牙，增加疼痛，說話不得不簡短。

她開始不緊不慢地在一堆公文中尋找，臉上竟有一絲不屑。

「凡人，到底是凡人！」我也很不屑於她。這小丫頭大約自以為是上好的特等佐料，只對各大老闆們春風拂面，多麼勢利、多麼俗氣！可憐！

她終於抽出一張紙來，分明正是我的 MEMO。「對不起，大秘書太忙，來不及簽字，所以還沒去買。」她的臉上很呈現出一種幸災樂活的同情。

唉！可憐啊！可悲！而最不幸的，是她竟並不知自己的不幸與可悲。我在內心嘆了口氣，然後，拿出百歲老人般的慈祥來，居高臨下地淡然一笑，走人！

下面，該給大秘書去電。新上的項目太大，我早已向這位大秘書申請要添個打字員做幫手，她卻遲遲不做答復。況現在又加了這件事，一併催她就是。

牙、頭好痛！耳朵也便嗡嗡作響。可沒法，這電話不得不打！說是大秘書，實際上是個老闆娘似的人物，白科，有著再胖的中國人也比不上的特殊體形。幸虧電話這玩意兒遮人，不然一天的食慾又要折損了個盡。

好在電話那邊她的聲音很是可甜可親十分受用。不過，正是這個甜美聲音的主人，在剛上任的頭兩個月，便一口氣解僱了三個色素有點、或相當沉著的人。要不怎麼叫作魄力！

「大老闆太忙，我一直無法同他談關於加人的事。不過放心，我會抓緊！」她悠悠地答。

於是，再問她關於給買標籤的 memo 簽字的事。

「簽字？簽什麼字？」她沒聽明白，但話聲仍柔和得醉人。

我似乎感覺到了點什麼，於是改口問：「上次買的標籤不夠，需要再買些。是仍直接讓秘書買，還是先讓你簽字？」

「這種小事，從來不必我簽字！你直接讓秘書買就是了！」她那極美妙的聲音藏了些氣惱多了些不耐煩，嚇得我趕緊扔了話筒。

電話扔下，突然發現背後竹竿似地站了一個瘦高的白人青年，滿臉陪著小心的微笑，自稱是新僱來的打字員、今天第一天上班。驚訝之餘，打問了一番才弄明白：這是大秘書為我旁邊的另一個白人項目組組長僱的。

那位組長的項目批得比我晚，他的增人申請也是兩週前才遞上去；而我，一個月以前便已要求加人。他的項目要求一年完成；而我的，半年。

唉！這大秘書畢竟也是個勢利的凡人。唉！可憐啊，可悲！而最不幸的，是她竟並不知自己的不幸與可悲。我深深嘆了口氣，當然，是為她；然後，輕輕地清高地搖了一下頭：何必同她一般見識！

我打開電腦，剛準備工作，卻發現電腦今天沒連上網。

資料都在電腦網絡裡，不連網便等於無法工作，這不是忙上添亂！心急火燎，馬上撥個電話去信息組的頭兒那裡，卻百打不通：佔線！

我急得團團轉。不得已，索性上樓沖進信息組頭兒的辦公室。

他果然滿面春風地在電話線上高談闊論。見我氣急敗壞向他連打手勢，便很不情願地用一隻手捣著話筒問我何事。聽完我的控訴之後，不耐煩地搖搖手，一邊把話筒重新掛到耳朵上，一邊瞧著窗外用咱在國內便已熟悉的「領導，冒號」那樣的口氣，官腔官調地對我說：「Well，今天所有的電腦都沒連上網，你祇得等嘍！Well，說不定明天才能修！Well，我現在正在同大老闆談工作，沒空！」

這種小人，實在令人厭惡！想說什麼，但忍住了。東方文化的精髓，似乎就在一個忍字上。況牙痛，要忍，便索性一忍百忍。

我只好離開。走到門外時，果然聽到身後他正在「吃吃」地笑，並分明在向電話另一頭的那人說：「你做的那蛋糕……」

當然，打死我，也不相信那禿頭大老闆會做蛋糕！

唉！可憐啊，可悲！而最不幸的，是他竟並不知自己的不幸與可悲。我學著西方人攤了一下雙手並極其深沉地聳了聳肩，悲哀地一笑而去。

走到樓下，路過激光打印機時，無意中卻發現正有人在印東西。這一驚可非同小可，把我的所有幽默與深沉掃了個乾乾淨淨！要知道，所有的電腦都只有在連網之後才能用這臺打印機印東西。

由不得跑到各個辦公室轉了一圈，最後不得不承認，除了我的，其它沒一個電腦不同網絡相連。

看來，我竟得到了最最特殊的待遇。

唉！美國，哪裡又真的有什麼科學管理！騙騙地球那頭的老百姓而已！

牙更加劇痛起來。雖然離開家門時曾翻出一片止痛藥吞下，現已過了倆小時，卻仍不見效，而且感應的面積似乎也擴大了，連半邊臉都「嘣嘣」帶響般地跳痛。唉！下次一定好好看電視裡的賣藥廣告，寧願不再研究阿Q！

看著牆上那標注過的大掛曆，面對著眼前那一大堆做不完也無法做的事，我坐在桌前仔細品味著牙痛乾生著氣。是的，「乾乾」地生著五藏六腑的熱辣辣的火氣。牙痛和這火氣遙相呼應，裡應外合配合得天一無縫。想想生氣乃人之常情，是七情六欲之一，總不會過於違反小乘佛教或中庸之道，生生總該無妨吧？況我的功力不到家，克制不住這種情怒也屬正常吧？誇讚「覺有情」的大乘菩薩不是還用「不俗即仙骨，多情乃佛心」的詞兒嘛！舉一反三，人之常情的「情」，當然也屬佛心、是要發揚光大的嘍！

那麼，要人要東西要連網的事兒，等又是不等？

不等，又怎麼辦？催？催急了，以後的麻煩更多。一年前另一位黑人項目組組長，便曾幹過此事。結果當時他催出了東西，此後卻再也難以及時順利得到任何人力或物資的供應。儘管他不得不每次都一催再催，終於仍不能按時完成他的項目，終於不得不走人。

前車之鑒哪！如今眼見著我自己也已成為被各種皮鞋光顧的足球了！不敢說人家這是種族歧視，只能說這種事主要只是發生在有色人種身上、巧合罷了！

那麼，便只好等嘍！可又等到哪一天？項目完不成，即使再有城府、人再老到，到時還不得同樣走人？

走人事小，可沒有收入便沒吃沒喝，便耽誤了我的凡身肉體，從而對不起上帝、對不起人民對不起黨，那事兒可就大了！

當然，也可以另謀高就。可哪兒又真的能「高」從而能「就」呢？到哪兒都得滾這一身紅塵，而紅塵中到處烏鴉一般黑，有了這凡身肉體，便永遠只能是躲得了和尚躲不了廟。除非……，除非……，除非索性不要這凡身肉體？然而……

得！這理兒不又輪迴回去了！

看來，這中庸，這大乘、小乘，眼下統統不頂用！

可這事兒，總需要解決吧？

怎麼解決？催，不敢；不催，又不行……

牙突然變了個痛法：由銼痛，變成了陣陣抽痛！

腦子便突然一空，什麼也無法再想。

牙這玩意兒，原來也會撿軟的捏！它不讓小秘書疼，不讓大秘書疼，不讓別的項目組長疼，偏要讓我這溫良恭儉讓的疼！而且愈疼愈烈，氣都喘不過來！

看來，如果只是這麼溫良恭儉讓地中庸地小乘大乘地等，不僅上帝不答應、黨和人民不答應，就是這牙痛，也堅決不會答應。

按咱民族醫學的道理，要根止牙痛，就得清除內熱；要清除內熱，就得去除熱源；要去除熱源，就得絕不再有任何窩火的感覺；要想不窩火，就得徹底解決眼前這夾板事件。因為如果窩火，就會有邪氣在三焦生成；那玩意兒便如練功人走火入魔，很難說不會傷筋動骨；而「齒為骨之餘」，骨頭一有事兒，牙齒當然便會痛了。

要不怎麼叫「骨牌效應」！

既然催與等，最後可能的結局都是走人，那總得撿個痛快壯烈點的幹幹吧！那樣起碼能去除一個窩囊的「窩」字；沒窩便難生火、便起碼對牙對這凡身肉體大大有利！

可怎麼才能來番痛快壯烈的事業幹幹？

閉目思索了一番，沒任何結果：全是那牙痛頭痛攪的！看來，不如先倒杯茶喝喝提提神。

我走入秘書專門煮咖啡的小屋。大老闆從來離不開咖啡，一天起碼喝個五六杯。秘書深知他的這一秉性，不僅從未讓咖啡壺空過，而且連開水壺也一直滿滿地續著。愛烏及屋，這間小屋於是也向來乾乾淨淨、漂漂亮亮。

倒了水，忍著牙痛舉杯喝著，順便打量一下室內，卻看到了一旁顯然剛做好的那一滿壺咖啡，不禁靈機一動。

--這跡像，顯然說明大老闆馬上要在這裡出場亮相。

大老闆似乎從來是見不得人的，所有的事都金字塔式地只讓二老闆、三老闆、四老闆乃至大秘書依次去辦，便如那一級二級三四五級批發公司差不多。由於「官越小架子越大」的道理放之四海而皆准，於是，便如今日對待我的事，層層領袖們不必真的考慮公司的整體利益，卻很不妨拿著雞毛當令箭，時不時狐假虎威一番。他們當然認為，下下級們是沒有必要當然也並不真的敢同大老闆直接交道、尤其我們這幫操著夾生的本土語言的「小的們」；而這裡又沒有什麼「紀律檢查委員會」或「街道委員會」之類可以讓人上告，所以，他們的魚肉百姓便決不會輕易「拆幫」。那麼，除了大老闆，他們又有什麼好顧忌的呢？

什麼公有制私有制，到了老百姓手裡，全是一回事。

可俗話怎麼說來著？「擒賊擒王」嘛！要找個壯烈的去做，也就等於要找夠膽的練練。這老虎屁股摸不得的級別，不正是一級練功房？

牙和頭這麼蹦蹦著痛，痛得我簡直靈魂出竅；惹得膽子便這麼蹦蹦著生，正如逐漸撐滿弦的弓，不發，如何得了？厚黑學鼻組李宗吾大師怎麼說來著？「喜怒哀樂皆不廢，謂之厚。發而無忌，謂之黑。」我現正處於七情六傷滿腹七葷八素之時，由於牙痛的作用，則種種情怒皆無從廢之；內功不到、內熱劇升，又由於牙痛影響到整個人生觀的問題、不得不根除，從而內火必須發之……所以，看來，這個這個，……

一瞬間，我便拿定了主意。

老子怎麼說來著？「勝人者有力，自勝者強」嘛！

才品了兩分鐘茶，便聽到一陣腳步聲由遠而近。在這種不上不下非餐非茶的時刻，我不相信這會是別人。

果然，盼星星盼月亮，真的盼來了救星大老闆。

不過他進門第一眼見到的，當然只能是正一心一意清理臺子的我的背影。我很勤奮地用 409 清潔劑蹭著桌面，直到擦到他的杯子前，才突然發現了他。

「哈！原來是大老闆您呀！真高興真幸福能在這裡見到您！」我的驚訝與興奮當然恰如其分，就像八．一八毛主席接見時的紅衛兵小將一樣。從大老闆的面容上，我知道他的感動有多深。唉！到底並非真是毛主席他老人家，大風大浪般的吹捧經得實在太少了！可憐！可悲！最不幸的，是他並不知自己的不幸與可悲。

可那種上上級見了下下級的慈祥與平易見人，卻是千篇一律、舉世皆同。他很親切地同我打了聲招呼，並開始問寒問暖、問工作的進展。

乖乖，總算開始有戲！這種時刻如再不拿出王朔那「不是凡人」的鼓吹精神，可就再也別指望日後開百雞宴了！

「大老闆！」我親切地又叫了一聲。這種叫法在這種地方也算得上前無古人、後無來者了，所以看得出來他十分受用:「謝謝您的問候！能夠向您直接彙報真是我的無限榮幸！在您的偉大光榮正確的領導之下，我的項目有了十分長足的進步。不僅三個月之後能夠按計劃完成，而且，我還要爭取超額完成任務，用我的實際行動向您表示最最深厚的敬意與忠誠。我知道您是立足世界、放眼全球的偉人，所以僅僅完成任務也絕不會只是我的真正目標。總之，我辦事，您放心！」

天下的走資派，原來都吃這一套！他又一次表現出了很真實的感動來，但同時亦竟偷偷掃了一眼手錶。看來，得是時候了！

「為了能夠完全跟上您的步伐，我想我應當加緊訂購那些標籤，您說對吧？」我誠懇地請示。

「什麼標籤？」他一時沒回過味。

「就是我的那項目用的，離開它可不行！所以我才應當抓緊。時間就是金錢，為了放眼全世界，樣樣都應當抓緊。所以我認為，一切都應當定個時間的上限。比如購買這標籤，就應當在三天之內做到訂購、運貨、交貨這一切。您說對吧？」

他的雙眼仍有些朦朧，但多少明白了我的意思，於是擺出一付不深究細節的決策人的神態，很堅決地點了點頭，答：「你的建議很對！該買的東西當然要快買！」

「而且每當我的電腦連不上網、直接影響到工作效率時，我也應當儘快求得信息組組長的配合，及時修好，決不能停工超過半小時以上。我是這樣嚴格要求自己的，您覺得怎樣？」

「很好！非常好！」他又很堅決地點了點頭。

「您知道的，由於這一項目工作量大，我不得不僱個助手幫我。為了能不僅完成、而且超額完成計劃，以便為早日實現您的放眼全球的偉大目標做出更大的貢獻，我可不可以在此特別請求您一件事？」

「可以。不過我再過兩分鐘就要開會了，你可不可以快些說？」他這次是很認真很公然地看了看手錶，但態度仍然十分認真親切。

「沒問題！但可以請求您在這裡等我兩分鐘嗎？我去一下，馬上回來！就兩分鐘！」

沒等他回答，我已沖了出去。

直接竄到大秘書的辦公室，她正在電話線上。我擺出一付百米衝刺後的大喘息狀態，不管她這會兒願不願意甚至能不能理會他人，魚兒出水一般上氣不接下氣地嚷道：「對……對不起！……大，大老闆馬上要看我的那個 memo ！」她一愣，又似乎無法詳問，只好邊向電話那頭道歉，邊一隻手不知不覺地伸到抽屜裡，掏出了一沓紙來：那正是一大堆 memo！我飛快地挑出自己那份要人的報告來，謝了一聲拔腿就跑。一切幾乎只發生在一瞬間，相信她事後一定把我的閃電戰術當成看花了眼。

再見大老闆，是一分鐘以後的事，他正在一心一意低頭品著一杯咖啡。咖啡屋門外已有人向裡探頭請大老闆快去開會。這種時刻，我可沒心情再動用王朔戰術。於是進門後直接了當地對大老闆說:「這是僱人的申請報告,請您簽個字！」

他還沒回過味，更來不及細看，一抬手匆匆地簽了字，又一抬手匆匆地遞給了我，便匆匆地離去了。他的動作十分熟練，自始至終未抬起頭看看遞東西給他的人，前後有著一種不假思索的程序性，使我懷疑他還根本沒弄清是誰在叫他簽字、簽的又是什麼。－－他大約把我當成大秘書了也說不定！

得！真的搞點！

哈！痛快！

陰謀得逞，人總是精神很爽。走出咖啡屋才發覺，方纔在敬仰大老闆時，牙竟一點未曾痛過。然而可惜，就在發覺這一點的同時，牙痛又回來了！早知如此，真應想法多敬仰他一會兒才是。

拿了令箭未敢耽擱，先去找大秘書，伸過去簽了字的要人報告直接了當告訴她：

「大老闆說我的那個項目很重要、應當保證按期完成，所以我的報告他已簽過字。下一步，只好請您儘快幫我僱人。我求您了！Please！」我拉長了聲音萬分恭敬地請求著她，同時在臉上也積極策劃著世界上最最甜蜜的微笑。經過那麼長久醇而濃烈的牙痛的錘煉，總應當笑出一點厚積而薄發的政治家的味道來吧！要知道，這事兒多少有點越權之嫌，還是小心點為佳。

不可思議的，是她看到我的媚笑之後，竟反而隱隱現出胖皮下一臉的驚慌來。她立即提起電話，同時向我鄭重表態：

「是是！我一定立即親自安排此事！」

儘管對她的強烈反應百思不得其解，但既然人家立竿見影，咱也就不必深究了。

第二個目標，便是信息組。不知為何，從他那兒得來的窩火最甚，要根除牙痛，這裡恐是天下第一處。

我平靜地站在他的面前，平靜地告訴他：

「我剛同大老闆談過，他說從現在起，我的電腦停網決不能超過三十分鐘以上。可這次我的已停了好幾個鐘頭。只好煩請你現在就幫我修好。Please！」

說「Please」完全是為了緩沖氣氛，然而他聽了我的這一詞兒，面容反由最初的意外，突然變得驚慌起來。他立即喃喃地念著道歉的話沖下了樓，親自去修我的電腦。

我愈加百思不得其解。想來想去，猜自己是把「please」說成了「police」，不然僅因大老闆的令箭，無論如何調動不出他和大秘書那樣恐慌的臉。

來到嬌俏的小秘書桌前，不妨仍過一下狐假虎威的癮：

「大老闆剛剛同我談過，並專門提到我的任何訂貨都應不超過三天收到。同時大秘書說我的訂貨她根本無須簽字。所以，請你儘快把我要的標籤買來。Please——！」這一次我費了很大的力發音，以便不使她將其誤認為「Police」。

然而她的面容所呈現出的恐怖，比起信息組長和大秘書，竟有過之而無不及。她唯唯諾諾地立即去填一張購貨傳真。

唉！這會兒這幫人怎麼都這麼聽話起來。可憐啊！可悲！而最最不幸的，是他們竟並不知自己的可憐與可悲。

不過事後，我到洗手間對著鏡子比照了一番，方發覺各人的恐怖實非我之發音失誤所致。由於長時間的牙痛，半邊臉不知不覺間已扭曲，當說「Please」、尤加重其語氣之時，那完全是一種咬牙切齒的雄壯氣勢，能夠讓人產生無限聯想，遠比說「Police」更具有百倍的恫嚇力。難怪這三個冤家個個如鼠見貓！

哈！管它！總算大功告成，這比什麼都重要！我悠悠地舒了一口長氣。

咦？這感覺，也竟如此舒坦，甚至超過了阿Q手上的感覺。不過不是飄飄然，而是腳踏實地地娶了媳婦或拿了簽証的那種輕鬆與歡喜。這種腳踏實地，竟也能給人帶來那種超人的居高臨下的得了道的感覺。

《醉拳》中成龍的那句話，不禁又脫口而出：

「剛剛好！」

現在才多少理解了，那「痛快」一詞中「痛」字的由來。

「痛快痛快」，不痛則不快。

下班的時候，即使不得不懷疑，但也仍不得不承認：牙痛包括頭痛，確是完完全全消失了。即使今天再有其它天大的病痛，我相信也一定會全好了。

看來，別人打你左臉，你反過去打他右臉，這，也止痛，且越利越特靈。

難怪厚黑派認為，如果被別人摑了一個耳光，你應當馬上回敬他兩個，這樣你就不會再遭人揍。

當然，回打，你得敢；而敢，要長膽；要長膽，生病是最佳途徑之一。

光是大乘小乘或阿 Q 的精神勝利，看來還是太單薄了點；若再能多少配上點厚黑學或成龍楊子榮那樣的物質上的勝利，那咱這凡人的日子，便真個是十全十美了！

佛學，練的是仙道；厚黑，練的是塵道。兩者，一定會有異途同歸的地方。比如醉出麻木、痛出竅，便都屬仙道；由此而生的虎膽、反抗精神與革命鬥志，卻盡屬塵道。兩者結合，便能仙能凡，能官能民，能上能下，能止痛能打勝，能成龍能阿 Q……何樂而不為之也？

不過，不得不承認，當腳離地近些、身上還掛著凡人肌膚的時候，厚黑比大小乘似乎有效，應當時時取而用之。況大乘中，不是也有「地獄未空，勢不成佛」的鏗鏘誓言嗎？

雖然手邊就有牙醫的電話號碼，那天我終於沒去電。

而且最終決定：項目尚未完，還是先留著牙上的窟窿吧！

逼上樑山 -- 小老闆的滋味

千年的媳婦，似乎終於熬成了婆。

對那些會唱革命樣板戲的人來說，也許會花臉一般地吼上一聲：「就盼著這一天哪！」。

可惜，咱卻實實不想當這個婆。

尤其直到如今，才知原來熬成婆做個小小老闆，恰似世界末日將臨，會是那麼赴湯蹈火、趕赴刑場般地令人恐慌不安！

咱從不鐵腕，又知自己素來與「英雄」無緣，所以，常常不足為怪地偏愛氣短。也由此而知，自己當個幕僚還可南郭一番，卻天生不敢做老闆夢不敢登老闆臺。可憐拿破侖的所謂將軍士兵之類的宏論或教導，於我，其實一如對牛彈琴、白費心機。

所以始終乖乖地、老老實實地，在大中小老闆們的手底下當個勤勞本份、沒絲毫野心的小小士兵。

然而幾個月前，大老闆卻突然心血來潮，讓我幫他平地建一小組織小系統、且有進一步迅速發展之可能；又因要求急且內容複雜，沒過多久又要給我僱學生工當助手。

於是一夜之間誠惶誠恐地發現，自己竟有可能當狗腿子去踩在人民的頭上，不由生發出一種十惡不赦、徹肌徹膚的罪孽深重之感，一時間天昏地暗。

只是作為小小老百姓，只能以食為天；既然以食為天，就得保住自己的飯碗；而要想保住飯碗，老闆的話還是得好好地聽地！

所以，再膽戰心驚再有罪惡感，為保斗米， 終於還是被硬著頭皮鴨子般打上了架。

想起剛來美國讀書之初，為找一個四小時的學生工打，曾是多麼地不易。憶苦思甜、將心比心下，便有意招了一個咱們大陸的骨肉同胞、才來美讀本科的很聰明的女學生。

又想起自己剛來時那歲月之艱辛，便不時提醒自己要學會為民服務、為民請願。雖然離七品遠了去了，可「當官不為民做主，不如回家種白薯」那豪言壯語，卻無時無刻不在我的耳邊轟響。因此，下了決心要好好待這女學生，即使下班以後也要好好照顧她的生活。

請她去吃飯。雖然吃驚地發現，人家比我還懂得哪道菜好、如何叫菜，而且龍蝦之類的菜式從來是首叫的一道。

帶她去買菜。雖然吃驚地發現，人家其實買的主要是些高價的稀有水果。

帶她去逛街。雖然吃驚地發現，人家對平價或非名牌的店壓根不光顧，且一抬手先在名店花幾十美刀買了瓶高級護膚霜。

還允許她隨時請假處理私事。雖然吃驚地發現，人家的私事格外地多了起來。

……

雖幫了一圈下來，反覺自己百般不如人家，起碼不似人家那般瀟灑。可想想，人家小姑娘一個，不遠萬里前來海外闖蕩江湖，起碼這不容易！起碼偷偷想家哭鼻子都不知多少回呢！表面裝得瀟灑些，讓自己寬心些，當然是要得的、是自強的一種表現！

所以一如既往，該怎麼照顧仍怎麼照顧，像對自己的小妹妹一樣百般呵護。

初來那幾天，她工作十分賣力。小房間裡又悶又熱，坐在地上整理資料，頭也不抬地一幹就是幾小時。見那汗順著她的鬢角橫流，我的負罪感愈加深重，遂常放下自己手中的活去幫她，自己再加班做自己的就是。

她的英語很不錯，寫一些美國辦公室的那些無聊的我非常討厭的臭公文，竟得心應手，令我不知不覺更加喜歡上了她。於是讓她沒事時幫我發些電函通知，以順便熟悉些美國辦公室的行事方式，相信日後她會用得著。

為了進一步對她表示真誠與信任，便把填寫 timesheet（考勤表）的大權也徹底下放給了她自己，不再檢查她究竟填了多少小時，甚至對辦公室的秘書說好我不必簽字。

當然知道她多填工時會多拿錢，可當時最多不過每週 20 小時而已。為了咱的骨肉同胞，咱就睜隻眼、閉隻眼，來個對美帝國主義的反剝削吧！壞蛋的牆角，我們不挖，誰挖？！

學期很快要結束。一天她說自己將從昂貴的校園搬出去住，但缺少很多傢具。當時正好我也快搬家，於是答應她：等我搬時，一定把一大堆還不錯的傢俱都給她；而且，如果她搬出去住之後，不大方便來學校的話，我還可以每天開車接送她。她聽了很是高興。

看著她那可愛的小臉，那種對小妹妹特有的深情厚誼又一次湧上心頭，不由又補充說：快考試了，挺累的吧？今晚我再帶你去吃飯，好嗎？

她馬上點頭答應了。但緊接著突然又低頭按捺不住地偷笑了一下，是十分意味深長的那種，是忍不住的、過後又極力試圖掩蓋的那種。

一時感到什麼地方有點不對頭。

晚餐後，我正在那付款單上飛快地簽字，酒足飯飽之餘一直抖著二郎腿四下里觀望等待著的她，突然若有所思情不自禁地微笑起來。我好奇，邊將付款單和小費遞給服務員，邊笑著問她：「這麼高興？笑什麼呢？讓我也高興高興？」並順著她的目光看過去。

她卻一驚，意識到自己是走神，連忙收回視線，未加思索衝口而出地回答：「我在想，將來我也一定要當 manager(管理人員)，而且是個讓老闆一直請吃飯的 manager！」突然意識到自己有些失言，她趕忙住了嘴。

我一時一愣，什麼也說不出來。

送她返回住處。剛下車時她卻站住了，像臨時想起了什麼，回頭對我說：「馬上要期末大考，這畢竟是我在美的第一次，可否請求下兩個星期不來上班？考完後馬上就是寒假，我就可以為你一周做四十小時了，所以會加緊趕活，不會耽誤你太多事。」

同胞嘛！階級姐妹嘛！難兄難弟嘛！讓人心疼的小朋友嘛！當然立即批准，儘管這很出格。

也幸虧當時一些人正在搬辦公室，每天大鬧天空般亂哄哄地，所以，心裡僥倖著，希望沒人注意她的長時間「失蹤」。不然，在這亟須用人之際，要我向各位頭兒們對此做出交代或解釋，還真會很為難。

可愛的小朋友缺席的日子裡，我趁辦公室處於搬家的「動亂」中、另一小頭兒又剛辭職另謀高就之際，還專為咱這保護對像搶了個電腦和辦公桌。事後那得意與幸福的成就感，同楊子榮智取了威虎山差不多。

兩個星期過去，辦公室復歸平靜，活兒便鋪天蓋地般壓了下來。想到這「苦難同胞」、「階級姐妹」就要全力以赴回來幫我，心裡倒並不是十分急。

第三週的星期一，是她原答應回來上班的第一天。可我到辦公室後的第一件事，卻是收到了她的留言：要搬家，不能來。

第二天，一進辦公室便是一喜：遠遠已聽到她在那談笑風生。等一眼見到她時，卻很吃了一驚：她穿了最最時髦的皮裝，腳踏長靴，一改原來女學生模樣，倒像個地道的小洋娃，令人差點認不出她。

她很熱鬧地同一位素來對小女孩們很鍾情的辦公室男同僚聊著、笑著。很過了一會兒，才終於回到自己的辦公桌來。

見她用了那麼大的動靜在那裡侃大山，全然不顧旁邊便是對中國人並不真「感冒」的大老闆的辦公室，便多少想對她出言勸導。然而我的口還未開，十分敏感的她卻早已感到，馬上先自把臉沉了下來。

怕她真生氣，更怕她誤會，不如趕緊小事化了！畢竟好多天未見面，也畢竟工作的事大如天不是？我立即調整自己的表情肌，輕輕展開一付平時辦公室裡慣常的微笑，沒敢多說一句話，很快活地給她安排工作。

但她那一身精彩時裝，是不大方便弄那堆積如山的材料了，而且動作也明顯無法加快。無奈下，不得不再次放下自己手中的工作，先幫她一起做。畢竟後邊兩三道工序在等著，幫她等於也幫自己不是？

她剛來工作時，辦公用具原一無所有，所以本以為她見到我費盡心機給她搶佔的工作臺與電腦，會非常高興。

然而，人家嫌工作臺太小、電腦的運作又太慢。

牢騷發完，她又向我借訂書機用，同時再次不滿地大聲說：我本來是應當配備全套辦公用具的嘛！

著實吃了一驚！趕忙提心吊膽賊般地向四下裡看看。意識到她講的是中文，方心定了些。在美國佬這辦公室，可從沒人敢如此索要東西，何況她還是個外國人、尤其只是個外國學生、更尤其只是位 part-time（短工）的外國本科生！她似乎從沒意識到，公開討要東西的事若被其他人知道，哪怕是方才與她親密無間大聊特聊的那位風度翩翩的男士，最後可能也是她自己倒霉。

虛驚一場之後，便對她的不甚識實務的傲慢態度有點不舒服，遂多少有點沒好氣地說：「你明知裝辦公用具的櫃子就在你身後，需要什麼自己取就是了，為什麼一定要我拿給你？！」

意識到態度有點硬，擔心嚇著她，趕忙又放緩口氣，接著說：「如仍有缺項，寫個條子給我，我叫秘書買了給你就是！」

她並沒真寫條子。其實我也並不覺得她真需要多少東西。她的工作均由我安排，需要什麼我當然知道。願幫她，是覺得她同咱是一條戰壕裡的戰友。但此時卻總覺得，她似乎大有要把我劃分到階級敵人陣營裡去之意，所以開始有點揣揣不安。

那天，她又提前三小時下班。當時只簡單打了個招呼就走了，說是要去機場接人。她不會開車，更不認識路，尤其並無親友在美或來美，所以這事便顯得蹊蹺。但我並沒敢問她何以便能去如此幫助別人、且竟能去那麼遠的機場，倒是覺得，她能這樣懂得關心別人，也是一種美德嘛！

第三天，是聖誕夜，中午辦公室裡開 party。她沒參加完便又走了，說是要趕去商場給別人買禮物。想想有理：沒禮物確是不行，自己不也已買了好多嘛！所以，自然同意，還告訴了她一些關於買禮品的經驗。

第四天和第五天，聖誕節，放假兩天。

第六天，才進辦公室，就又收到了她的留言：我今天和明天家裡有事，不來了！——甚至未講是什麼事！

她的男朋友還在國內呢，一個單身，如何便「家裡有事」？令人百思不得其解。

工作已堆積如山。我心急如焚，馬上去了一電，希望她明天起碼可以來上班。她卻不在家。遂留言讓她到家後立即回我一電。

但直到當天下班、直到第二天下班，均未等到回電。

忐忑間突然想起，聖誕夜那天她其實曾很不經意似地順便地提到過一句：聖誕之後的第四天，她的冬季「小型課程」即將開學。她還說，課程緊，她必須全力以赴對付之：「學習畢竟是我的主要目的」，她說。

有道理！可恨自己當時怎麼竟未意識到這指的便是今天！

可這樣一來，她的關於「寒假一開始就會來做四十小時一周」的偉大許諾，豈不是一場國際騙局？那，我的那一大堆活兒怎麼辦？

越想越往熱鍋螞蟻的形像上靠！三十六計中的上上之招只是一個走字，可我，竟連走的地方都沒有。

那天，實是在針毯上苦熬。當然，還又一次義務賣命多幹了好幾個小時，當然都是本屬她的活。只是這次，實在不知是為老闆，還是為她。大約更多的，是為我自己。

聖誕後第八天她倒終於來上班。誰知剛照面，竟是很不客氣很不耐煩地帶了質問口氣的一句話：「你前天幹嘛找我？！」

用起當年園丁們總結的那些經驗，我動情動理地努力壓低了聲音，懇求似地說：「我的事這麼多，你都不誠心幫？」

她竟還生了氣，聲音直高了起來，很氣壯地反問道：「怎麼就不幫你了？連你那通知我不是還幫你發過的嗎？而且不是說過我家裡有事嗎？那又有什麼辦法？！」

問她何事會如此急？

仍理直氣壯：「我有個大姐要買傢具，我不幫她，她怎麼往回拿？」

於是再次動情動理地，用了幾乎是哄孩子的口吻去問這位小妹妹：「可你不是沒車子嗎？哪還能真的幫得了？不如先幫了我，我一得空了去幫她不更好？何況你那大姐是你的朋友你要幫，可我不也是你的朋友嘛，你怎麼就不管了呢？離開你的話，她仍可以買東西；可我離開你卻無法幹完這些活兒不是？你幹嘛卻不願幫我呢？」

她馬上很憤怒地答：「你要是認為我沒幫你，那就沒什麼可說的了！」

看來「曉之於理」或「動之以情」全都不是什麼靈丹妙藥，人家可是軟硬不吃！唉——！想當年咱給資本家賣命時，可從沒這種反抗精神。慚愧啊慚愧！看來還是後浪推前浪！得得，咱沒人家厲害，咱認人家老闆就是！

於是，我把態度放得更誠懇、更謙虛謹慎、更加小心翼翼地求她：「你當然幫了我好多忙，我怎麼會不知道呢？可現在不是好多眼睛都在那兒盯著，你不來讓我沒辦法交代嘛！而且這對你自己也沒什麼好處不是？我這也是沒有辦法的辦法嘛！不然咱倆還不都得吃虧？哪怕上班後你只是乾坐在那裡、哪怕你的活兒都由我幫著做了，也比你不來都要好不是？只要給我這麼一點點面子、讓我能向頭兒們交代就行。」

她更加氣憤地重複：「你要是認為我沒給足你面子，那就真沒什麼好說的了！」

得！怎麼從來沒意識到她還有顆榆木腦袋，無論咋使勁都會這麼擰呢？

知道四下裡所有的外國耳朵都已伸直，而且也都已能辨出我們是在吵架，卻無可奈何。不幸的是，這種事無法不說中文；可幸的是，我們會說中文。

我向後靠在了椅背上，清了清腦子。

本來確實從未想過要當老闆；而現在，在已名符其實地「統帥」了一個我不想統帥、人家也不想讓我統帥、由此看來卻不能不統帥的人，更是如此。

道理還是同一個：不解決人力問題，大家早晚都會沒食，這對誰都沒好處。而且她不來上班卻拿錢一事，早晚會被人發現，最終倒霉的還不仍得是她自己。可這麼簡單的道理，她怎麼就是不明白？

唉，難！

我坐直了身子，換上嚴肅認真的面孔，直視她那雙美麗的丹鳳眼，用平穩的口氣，對著這位一心想當翻身農奴的可人兒說：

「期末考試已過去整整一周，但你只來工作了不到十小時。如果你確實認為這叫給足了我面子、幫足了我忙，且因此而感到受到了委屈的話，那我們之間，倒確確實實沒什麼好談的了。所以你不必再考慮我的面子，不必再惦記幫我忙的事，只要好好完成你的本職工作，這就夠了。」

分頭去幹活時，她沒有好臉色；直到下班，她均是十分氣憤狀。

「很令人可憐和同情！」我想，「沒辦法羅，我的錯羅！」我學著電視裡廣東人的腔調，同時聳了聳肩。

不過，她態度卻似多少認真了點；尤其每當見我時，竟還多少表現出點令我很不安很尷尬的尷尬和不安來。

第二天起，她果然開始每天按時上班，雖然常常提前溜走，而且溜走時電燈電腦仍開著，似乎故意裝出仍會回來的樣子。現在她確很給「面子」，一動不動地在電腦前，一坐就是幾個小時。有時遠遠可以聽到她打電話的聲音，通話時講的多數是咱國語。一次有人來揭發，說她在看教科書，但我並未去突擊檢查。還有兩次，則偶然見到她在做作業，可我仍是什麼都沒表示。

終於有一次，見她正好在填考勤表。塗塗改改，已經塗壞了兩張，她卻仍在奮力地擦著。我的到來總算使她暫時停止了這個似乎極其痛苦的過程。看了看我的臉，她小聲說：「這塊又填錯了，多填了幾小時，我還得改。」我不語，也沒走，靜靜地站在那裡。她又停了一會兒，才終於決定還是繼續，終於最終填好了相當誠實的工時。然後她問我：「是我去交給秘書，還是你幫我交？」意思是問我這次要不要簽字。我靜靜地說「當然是我送」，便接了過來。之後，雖帶著一點原罪之感，仍終於一字未改，交了上去。

這次她當然沒能多拿錢，雖然就出活率來看，她其實並沒吃虧。

自她有板有眼開始「正式」上班始，又是一周過去。那本來一天便可幹完的活，她卻似乎永遠也做不完。

我開始恐惶地感到，自己似乎有點要失去耐心。「千萬不能站在資本家包工頭的立場上去譴責她！」我時時刻刻給自己敲著警鐘。

那兩天材料突增，不得不讓她先搬些到書架上去。以前我們都一起做過，她請假的日子裡則全是我一人在做。此次我馬上要去開半天會，可這些材料如不盡量及時清場，下一批進來會陡增麻煩。可聽我叫她，她卻頭也未抬，立即不加思索不容置疑斷然地說：「我一個人幹不了這事！」

天知道我當時怎麼那麼沒階級立場沒修養！沒等她的話音落，我便吼了一句：「你不幹也得幹，再沒別人來慣你！」

她那麼狠地剜了我一眼，讓我一時竟有不寒而慄之感。

那天她還真搬了，只是整個上午只搬滿了半層書架，下午稱肚子痛，請假回去了。我不得不請其他組的同事幫忙，才算解決了問題。只是心裡那個窩囊那個窩火，直窩到了心底裡。

——看來，她真的是把我當成資本家來反抗了！

難道，真的是我在開始欺壓咱們老百姓了？

其實我，原本只想把她當階級弟兄、一條戰壕裡的戰友不是？

我的活，終於堆積到了那一刻。

老闆來查，臨走時十分光火，口中已經有了惡意。

一夜沒睡好。

不知怎麼，竟莫名其妙地想起了那個金魚的故事。那老太婆不滿意東、不滿意西，一再向那金魚無底地索要，最後終於仍回到了原來她那窮得不能再窮的小破屋裡去。

本來我是想當那個老太婆的老公，去討來那老太婆想要的一切。然而看來我的命，卻不是那可憐的老頭，倒是那會變戲法的金魚了。

可我終於有自己也無法變出的東西，那麼……

又是一夜沒睡好。

第三天，我心平氣和地，同她開了個正兒巴經的會。

我說，我已到了關鍵時刻，不得不開這個會。

我說，我現在正處在困難階段。

我說，我本來得到的預算，是僱一個開學每週可做 20 小時、假期每週可做 40 小時的學生工，現在卻僱了你；現在僱了你，卻由我來做你的活；由我來做你的活本不打緊，但工作完不成卻是絕對不可以；所以，咱們別的好說，只有你自己的活得自己做；只要你在這兒受僱在這兒拿錢，你就必須完成你自己的工作。

我說，今天只有三個主題：時間安排，工作數量，工作質量。

我說，你前一段時間說請假就請假、說早走就早走，這種事情永遠不能再發生。你必須按照你所承諾的工作時間來上班、來工作。

她辯解：我的學習對我來說確實很重要，請你理解！

我答：我完全理解，但你也要理解這裡的工作同樣重要。熊掌與魚如果無法兼得，唯一的辦法是取一舍一。所以如果你確實覺得這份工作太影響了你，建議暫時先顧學習才是。以後只要你時間從容起來，我肯定會想法再讓你回來。

她嚷：可我不是也需要錢嗎？不工作怎麼會有錢？

我靜靜地看著她的眼睛，原封不動地重複著她的話：是啊！正是你說的：不工作怎麼會有錢？

她的臉頓時變得通紅，頓了一下，口氣不由自主放緩了些，問：「那，我還是想既工作又學習，只是期末考試時請一下假，這樣總可以了吧？」

我答：「可以！但絕對不可能再兩個星期，最多一個星期而已！」

她點頭。

我又接說：「如果你有時確實有事，仍然可以離開，但事後必須把時間補上！」

她又點頭。

我說，總之，該好好幹了。這不是什麼「幫助」我，而是你應當做的、是你為了錢做的。

她的那不服氣的態度似乎又有些上來，提高了聲音很是忿忿不平地說：其實我一直很認真很努力為你工作、全力以赴地在幫助你！

我停了停，答：你確實工作很努力，但也要注意效率。比如上週，你十分辛苦地坐在電腦前整整五天，卻不能完成我們這兒隨便一個打字員半天即可做完的量。所以不管你工作多努力，對我來說，你上週的工作無法承認。你只是整整浪費了一整周時間而已。

沒理她的那個很及時的大白眼，我沉著地接著說：所以，質量與數量問題，同樣重要。我會時常檢查你，如不好，不會接受。總之，請務必不要想著怎樣幫助我，還是重點做你應該做的才是。

她張了張嘴，卻沒再說出一句話。

這次會，前後其實不到十分鐘。

之後的幾小時，她工作努力，態度可愛，直到下班。

至於我，竟感到有那麼一種痛快加痛苦混雜的滋味。

只不明白，這世界為何如此不公，定要逼我當那可恨的小老闆、黑五類。

又想想，卻又覺得有些老闆之可恨，其實是恨他們的人自己給製造出來的。

所以，竟不能完全怪罪於那些老闆之可恨。

比如，我。

沒過多久，被安排去開了三天重要的會。時間緊湊，竟沒來及查辦公室電話或電郵。

第四天一早剛走進自己辦公室，大秘書已氣急敗壞直闖了進來，不顧形象見面便嚷:「知道嗎？你禍闖大了！怎麼你竟敢連大老闆也不告訴數據庫的密碼？！昨天他是州裡匯報會上唯一沒交得了報告的人，連州長都點了他的名！」

這是從哪說起？！

「從哪說起？--你那助手一口咬定是你走前的吩咐，說無論如何不得把密碼告人、就是大老闆也不行！得等你回來親自給才行！」

我立即衝進隔壁那可愛的同胞的房間，同樣氣急敗壞：「我去開會前不是專門告訴你，假如是大老闆，無論如何務必要給他密碼的嗎？怎麼你反說不能給？！」

她十分坦然一臉平靜很溫柔地對我說:「你不是說務必不要幫助你、只是做自己工作的嗎？」然後目光堅定朝我意味深長地一側頭，說：「而且我還在等你說的傢俱呢，該給我了吧？」

我難以置信地盯住她那純潔可愛年輕美貌的臉，看了很久。心中那種無以復加的痛，是從背後放射過來的，直刺到心的最深處。

「我還沒來及搬家，所以還沒騰出傢俱來給你。」我喃喃地回答。

「到了該卷包走人的時候了。」慢慢轉身出來時，我心知肚明。

老闆昨天那樣的事以前發生過一次。是位老博士，沒把大老闆當回事，讓大老闆在校長那裡交不出活、出了醜。老博士是在 3 小時內讓走的人。如今的我，竟讓大老闆在州長主持的會上出醜，實屬罪責難逃！則此處自己所剩的時間，更當屈指可數。

自動去收拾東西時，果被大老闆叫了去。疑自己恐已沒有機會再回來收拾，遂義無反顧地走了去。不能回來取的話也罷，這些年玩命地工作，私人物件並不多，無甚留戀，其實走得倒會很容易。

老闆果然沒多話，只是宣布了一件事。

只是半分鐘後從大老闆的門裡出來時，心裡比預期更要難過百倍。

四下里慢慢圍攏來各種膚色的在大老闆那裡為我說情的人，讓我心中的一半流溢著溫暖、充滿了感激，變得輕鬆了許多；可心中的另一半充滿的，卻是無限惋惜與另一種意義上的疼痛，越走近自己辦公桌，那痛越劇、這心越沉重。

她走的那天，我沒送，因請了假沒上班。整整一天、整整幾天、整整許多許多天，都有失魂落魄的感覺。

怎麼想，怎麼覺得是自己的錯、且從一開始便錯。

又過兩週，新助手來上班。果不是熟人、不是鄰居、不是同學，不是朋友推薦來、也不是同事介紹來……總之不是任何可能令我必須多惦記多牽掛的人。

大老闆對我提出的僱人條件大家讚賞，大秘書在一邊卻只說了一句話：

「這樣才不致姑息，對雙方都有利。」

我見到新助手的第一事，是遞上了一本手冊，裡邊全是規定，條條嚴明。

幫我打印這手冊的大秘書，又不失時機地在一旁註解說：「先小人、後君子，才算得上好管理。」。

吃一塹、長一智。

我在自己又大又闊的新寫字台後邊慢慢坐下，心中肅穆、一臉威嚴。

正如逼上梁山的人們學會了做綠林好漢，我想，我已經多少學會了做老闆。

無論這有多違心。

清潔工最後的日子

六十多歲的老人，仍在大型購物中心做清潔工，全天制的長工。購物中心辦公室的人說，他如果想改為非全天制工作，最好辭工。

亂糟糟的白髮，長及肩。亂糟糟的白鬍子，長及胸。

美國窮人特有的大腹便便。每天卻仍只是吃麵包，最白的長條的那種，用牛奶沖下去。年輕時嗜好咖啡，現在須聽醫生的話，戒了。

很高的大推車，車身上寫滿諸如「內裝垃圾」之類的大字。每天推著它在購物中心轉三次，檢查與更換已滿了的垃圾桶。有時垃圾桶蓋被臟物粘住，須下大力氣開啟，甚至要將整個桶推倒，之後用腳將蓋使勁踹開。這時垃圾早已傾倒滿地，須一一重新掃起；再擦地，並一遍又一遍將桶蓋拭淨，最後，還要換上一個新的垃圾袋。前後起碼半小時。若在大廳中央，還須用那「注意地濕」的黃色警告牌當扇子，左右奮力地揮著，以將剛擦淨的地扇乾。潮地易滑，若摔傷了客人，付不出那天文數字的賠款，所以不如現在辛苦些，少點潛在麻煩。

老人個子不高，腰上卻挎了很大的盒子槍似的通話器。通話器總是哇啦哇啦地叫著，別人聽不懂，他卻總能非常及時地出現在叫他清理的場地前。

各處終於清理完畢，便來到快餐部，一遍又一遍清掃、擦拭那些永遠清理不完的小桌子，再將桌上那些用硬紙板做成的簡易廣告一一擺好，將一張張椅子重新塞到桌下。

他不像其他清潔工一樣。其他人幹活歡歡快快、毛毛糙糙，甚至找機會偷點懶。而他，只是面無表情默默地操作著，總令人感到一種憂鬱。臉上永遠帶著點微微的汗珠，與那紅紅的鼻頭一起，閃閃發光。

所以，購物中心寧讓年輕人做短工，來頂他一周里僅有的那天休息。

可終於有一天，似乎終於到了須考慮讓年輕人完全取代他的時刻了。

是心臟病發作。兩周的病假用完，又續了事假一個半月。

是住了院。胸口的手術刀痕足有三十公分長。只能進食流質。

沒錢，沒保險。只好早早出院。

妻十年前就不知去向。家徒四壁。一進門，滿地的蟑螂與鼠屎。電費沒有來得及付、電早已被掐斷，房中漆黑一團。腹中飢餓，刀口同時劇痛難忍。

可這一切，都消不去他那陽光般的滿面笑容。

很久，沒有如此由衷地微笑。喜氣洋洋的感覺，很奇特、很陌生。

當然，生病、住院、動手術的事兒，萬萬不可告訴別人！

一個大公司請他到另一個購物中心里做臨時工。他是得到確定消息的當晚發病的。

其實，對方說到工資數時，他根本沒聽清楚。

車保險已是付不起。他把那輛跟了自己三十多年的車，賣了。

相信乘坐出租車，會更合適。

妻子離開後，那面半壁大小的立鏡便被藏在了地下室。現在，該是請它出來的時候了。

離聖誕節還有兩個月，那另一個購物中心的大廳中央，卻早已矗立起十幾米高、翠綠的巨大的聖誕樹。樹上掛滿了五顏六色依次閃亮的大小燈泡，各種金光閃閃的大小絲球，和一串串晶瑩剔透的潔白珍珠。高高的樹尖處，圍了一圈圈白紗和彩帶，象徵著高入云端、象徵著彩虹爛漫。

樹下，數個一人高的紅底五彩巨球堆成了宮殿。球的四周地上，鋪裹著潔白紗綢製成的「雪」。雪擁著的寶殿中央，是個由鮮紅天鵝絨製成的寶座。寶座的四周，有各種會眨眼、動頭、動手、搖燈的聖誕人物。一些藤條編成的鹿，披掛著滿身的彩燈，站在雪地中，栩栩如生。紅紅的巨大地毯，覆蓋住整個大廳的中部，更添富麗堂皇，更加強了神聖氣氛。

最熱烈的場面，莫過於十一月中旬，那個聖誕老人到來的夜晚。

數百名兒童由父母帶領，守候在地毯旁臨時圍起的長長的欄杆里。隊伍已排得很長，仍有更多的孩子不斷加入。 樓上樓下到處擠滿了前來觀看的人群。四處擁塞著黑黃紅白各種顏色的頭髮和各種膚色的頭。購物中心人滿為患，卻異常安靜。

七點半。四十九個女子，身著紅綠白三種聖誕色織就的鮮艷的絨線衣，款款地排成一列，經自動樓梯仙女般滑落下來，走到聖誕樹旁，靜靜地列隊，站在紅毯中央。

十分鐘後，大廳內各種聚光燈同時驟熄。在聖誕樹那星星點點的彩燈里，空中慢慢響起了無伴奏的三聲部女聲大合唱。聖潔的歌聲，由輕到重、由緩慢到熱烈。唱出了教堂內那種神聖，也唱出了節日的歡樂；唱出了人們的憧憬，也唱出了人們對生活的熱愛。

群燈復明，掌聲雷動。

突然，一片歡呼聲響起。所有的人齊齊仰面，向二十來米的塔式屋頂看去。

群情涌動。最激昂的時刻就要到來。

屋頂下方慢慢伸出了一個小小平台，由上緩緩降下一條紅綠相間的彩索。

歡呼聲甫歇，寂靜一瞬，又以更大更轟鳴的形式，再次響起。

一個紅衣紅帽的人影出現在小平台上，迅速攀住那彩索向下滑落。隨著身子轉向觀眾，看到的卻只是一個美麗姑娘落向地面，人群中不由發出一陣失望的噓聲。

見到第二個慢慢滑落下來的，也只是個紅衣美女，人們已相當不耐煩。

騷動不安很快停止。四周恢復了寧靜。人們以更大的興趣、更強烈的渴望，牢牢盯住那個小小平台。

一個紅紅胖胖的身影在平台出現，向下熱烈地揮動著手臂，空中同時洒出一片極其悅耳的銀鈴聲。

歡聲雷動。掌聲雷動。人們情不自禁向前湧去。

那胖胖的人影探出身來，單手扶索，另一只手，則在不停地搖動著那串銀鈴。銀色的鬍鬚飄飄，翻白的紅帽下展出的白髮飄飄。

他臉上滿是燦爛的陽光，滿是燦爛陽光般的微笑。一束乳綠色的飄帶，彷彿一圍仙霧攔腰托著他悠悠地滑落，剛著地，卻消失在了高高的紙糊的「壁爐」之中。

「聖誕老爺爺好！」

「聖誕老爺爺，你好！」

「聖誕老爺爺，我今年很乖！」

……

在眾人的歡呼聲中，還未見老人現身，孩子們已爭先恐後迫不及待七嘴八舌從各個角落向聖誕老爺爺匯報。

老人在壁爐中的時間很長，連掌握會場的人也開始覺得疑慮、欲走去查看時，他才終於重新露面，胖胖的身子從爐門中慢慢擠出。這種懸念式的出現，使整個會場氣氛如開了鍋的水，一片沸騰。主持人笑臉相迎急步走上，卻仍未忘在他耳邊小聲埋怨：「叫你不要單手扶索，你……」

他沒聽到。幾步已沖到那聖殿中央的紅椅，坐了下去。尚未來及體會一下那絨椅的滋味，已伸手接過第一個孩子，並立即放上自己膝頭，第一下閃光燈也隨之亮起。

那一晚，共有二、三百個孩子坐過他的膝。每個都因自己是第一批受到聖誕老爺爺歡迎而十分自豪。他則不厭其煩地問著他們每一個：

「你今年乖嗎？」

「你今年幾歲了？」

「你今年的願望是什麼？」

……

他靜靜地聆聽著每個孩子的傾訴與祈願。他每時每刻舒展著和藹明亮的笑容，與孩子們拍下珍貴的照片。

笑，是由衷的。即使雙眼已被閃光燈照花，他仍把眼睜得大大地，微笑，再微笑。

他的心，和孩子們一樣虔誠。

他是神聖的化身。他是希望的化身。他是幸福的化身。

那晚，他的雙膝被孩子們坐到斷了似的痛。

汗，早已濕透了全身。小小的圓圓的老花鏡，數次從鼻梁上滑落下來。

聖誕樹前，有一架專為他裝置的電扇。怕吹傷孩子們，他沒用。

十點鐘，最後一個孩子終於從他身上下來。

在別人幫助下，他才終於勉強站起。「滑索下來時，崴了一下腳，明天就會好。」

看到別人眼中的疑問，他佯稱。

他去了廁所，將衣服、皮靴脫下，包在了一個特意買的新皮箱中，像抱嬰兒一樣抱回了家。

從這天起，他必須每天晨十點上班、晚十點下班。

他從沒有如此頻繁地梳洗。他從沒有如此刻意地愛惜自己的白髮與鬍鬚。他從沒有如此關心自己的服飾。他從沒有如此享受地，看著鏡中的自己。

他也從沒有像現在這樣，感到健康、感到希望。

每天上班中途，他會換一輛出租車。等第二輛的地方，是個加油站，有個公用廁所。

他不想讓任何一個人，看到自己換裝的前與後。

第二輛的出租車司機，為天天能送聖誕老人上班倍感自豪，每日里畢恭畢敬。

老人卻從來不讓他幫忙，去提那只小皮箱。

從聖誕老人手中得到的小費，總是意外地豐厚。

圓圓紅紅的帽子尖上垂下一個大大的白球，帽的底沿是一圈雪白的寬邊。紅燙絨的上衣，肩背上披著雪白的領子，下擺同樣是寬邊同樣是雪白。紅絨的肥肥的褲子，腰圍突出了那胖胖大大的肚子，褲腳則被塞入那雙翻出大白邊的黑黑高高的皮靴中。小小的圓圓的老花眼鏡，白白薄薄的細絨手套，寬寬松松的大黑皮帶……

一切的一切，都夸張得可親可愛。

尤其那白花花微微前翹的大髫子，眼睛上方那長長密密的白眉毛，和白白帽沿下那齊肩的一絲不亂的銀髮，令每個人肅而起敬。

已走過多個購物中心采購聖誕禮品的婦女，异口同聲：「這個聖誕老人，最像！」

這是個很忙的購物中心。每到周末，更是人流如潮。

不僅孩子們對聖誕老人誠惶誠恐，大人見了他，也同樣充滿敬意。

在大家的心目中，這位，就是真正的聖誕老人。

腰欲斷。腿欲斷。眼已看不清。耳已聽不明。

尤其是胸上的那道長長的手術傷口，每當向里吸氣時，都像有一把尖尖的刀，在那里一下一下地刺著、划著。鑽心的痛，使他渾身陣陣痙攣。尤其是小孩子在胸前擰來擰去之時，那刀疤似乎正在被撕扯開來。多少次，眼前一片漆黑。他只是下意識地將孩子緊緊摟住、下意識地向前看去、下意識地微笑著。

他歡快地笑著。他歡快地給每一個人帶來歡笑。

「嚯嚯嚯——」聖誕老人不時仰天長嘯。這使每個孩子都更加清楚地意識到，自己等待了一年的聖誕禮物，就快由老爺爺爬著煙囪送來了。

只要一抽出空，老人就會高高揚起手，向來自四面八方的問好聲回以敬意，手中的鈴聲也隨之清脆地響起。

每天每天，聖誕老人給人們帶來夢幻、帶來希望、帶來歡樂與幸福。

人人盼望著的聖誕夜，終於到來。

明天是聖誕節，購物中心將關門放假，聖誕老人也將離去。

知這是與聖誕老人合影的最後一天，父母們無論如何也擠出了時間，終於帶著孩子們來到這里。便是一些成年人，也滿懷童心趕了來，希望與這位最像的聖誕老人留個影。

隊太長。望著等待著的大人孩子們那一雙雙渴望的雙眼，他沒來及去吃飯，沒來及上廁所，甚至沒來及喝一口那瓶藏在椅後的礦泉水。沒有多少時間了，他知道。

他對每一個孩子更親切，問更多的問題，給予更多的鼓勵。

小小女孩兒怕生，剛走近紅椅便哇哇大哭。祖母無奈，只好也走入鏡頭。「你們兩個女娃兒，今年是不是都乖呀？」一句話，把祖孫倆齊齊逗樂。

坐著輪椅的殘疾孩子很多。無論多大塊頭多高個子，聖誕老人都親自將其抱起，放到自己的腿上。

年輕的情侶、同窗好友、母與子、祖與孫……也都怀著童心赶了來，以獲得坐上聖誕老人的膝、與聖誕老人同影的殊榮。一班美麗的舞女也歡快地擁了來，坐在了他的身上、擁擠在他的周圍，紛紛吻著他的紅帽白髮大鬍子，集體合影留念。

幾個父母沒錢照相，只能帶著孩子遠遠地羨慕地看著這里。他便趁攝影員印製照片的空當，招手將這些孩子叫過來，逐個發給一盒甜甜的巧克力。

「只有在這里照了相的，才能免費發給！」經理小聲提醒。

「從我工資里扣。」聖誕老人沒回頭，輕輕地溫和地應道。

心中毫無雜念。他知自己是陽光，是聖人，是人人敬愛的一個神靈。這個敬愛的神靈，向大家一一派發禮品之後，就會騎著梅花鹿、搖著鈴兒，輕輕地飄去。這是今年在「人間」的最後一天，他要向來自四面八方的每一個人，衷心地道聲祝福，讓他們每一個人都心滿意足，都幸福地，回到那四面八方溫暖的家。

他不停地重複著同一個動作。他不停地問著相同的問題。

他不再感到口乾舌燥、腹中飢餓。

他不再感覺到大人孩子的體重。

他的身上不再流汗。

他不累。

只有刀口，仍鑽心地痛。每一次呼吸，都像有刀在划開他的胸口，也像在挑起他的腦神經。他因此而興奮，一種吸毒後的那種興奮。這種痛，給他帶來的只有快感。

直到最後一個人從他膝頭快樂地離去。

……

元旦那天，是老清潔工答應返回上班的日子。

他卻沒再出現。

涸墨點滴 -- 留洋之初

A Drop of Dry Ink: My Early Days Abroad

作　　者／文外（Wenwai）
出版者／美商 EHGBooks 微出版公司
發行者／漢世紀數位文化（股）公司
臺灣學人出版網：http：//www.TaiwanFellowship.org
地　　址／106 臺北市大安區敦化南路 2 段 1 號 4 樓
電　　話／02-2707-9001 轉 616-617
印　　刷／漢世紀古騰堡®數位出版 POD 雲端科技
出版日期／2015 年 7 月
總經銷／Amazon.com
臺灣銷售網／三民網路書店：http：//www.sanmin.com.tw
三民書局復北店
地址/104 臺北市復興北路 386 號
電話/02-2500-6600
三民書局重南店
地址/100 臺北市重慶南路一段 61 號
電話/02-2361-7511
全省金石網路書店：http：//www.kingstone.com.tw
定　　價／新臺幣 250 元（美金 8 元／人民幣 50 元）

www.ingramcontent.com/pod-product-compliance
Lightning Source LLC
LaVergne TN
LVHW091603060526
838200LV00036B/974
9781647847951